Amper my mense

Deur dieselfde skrywer:

Tiendes van anys (1962)
Ek is maar ene (1972)
Rang in der staten rij (1979)
Systap onder die juk (1982)
Serfontein-atlas (1984)
Die laaste jagtog (1984)
Galery van reënmakers (1986)
Keurskrif vir Kroonstad (1990)
Deurloop: Keur uit die essays van Dot Serfontein (1992)
Vertel! Vertel! (1995)
Die huis van papier (1997)
Vis en tjips (1997)
Vrypas (2009)

Amper my mense
Dot Serfontein

PROTEA BOEKHUIS
PRETORIA
2009

Amper my mense – Dot Serfontein
Eerste uitgawe, eerste druk in 1974 deur Human & Rousseau
Tweede uitgawe, eerste druk in 2009 deur Protea Boekhuis
Posbus 35110, Menlopark, 0102
Burnettstraat 1067, Hatfield, Pretoria
Minnistraat 8, Clydesdale, Pretoria
protea@intekom.co.za
www.proteaboekhuis.co.za

Redakteur: Uvalde Swart
Bandontwerp: Hanli Deysel
Bladuitleg en ontwerp: Ada Radford
Tipografie: 11.5 op 14 pt Californian FB
Gedruk en gebind: Mills Litho, Maitland

© 1974, 2009, Dot Serfontein
ISBN 978-1-86919-322-5

Alle regte voorbehou. Geen gedeelte van hierdie boek mag sonder skriftelike verlof van die uitgewer gereproduseer of in enige vorm of deur enige elektroniese of meganiese middel weergegee word nie, hetsy deur fotokopiëring, skyf- of bandopname, of deur enige ander stelsel vir inligtingsbewaring of -ontsluiting.

Inhoudsopgawe

1. Twee weerpatrone 9
2. Die goeie ou dae 15
3. Die profeet van Rietfontein 23
4. Die ryke dwaas 47
5. Vakbonde 51
6. 'n Boerebruilof 57
7. Dorpie onder krygswet 69
8. Oorlog vir Jannie 83
9. Basie 97
10. Bul van Afrika 103
11. Tant Martjie 117
12. Le Bonheur 123
13. Ella, Ella, Ella 141
14. Die brood van die lewe 147
15. My mense 155

Opgedra aan my eie mense

Twee weerpatrone

Hulle sê daar is in die weerkunde so iets soos 'n vaste weerpatroon vir 'n bepaalde streek, en vir 'n suksesvolle boer is dit 'n voorvereiste om die reënpatroon van sy streek te ken en sy boerdery daarby aan te pas. Ek het op 'n keer vir oom Piet Theron, ons skoenmaker wat jare lank die erkende weerprofeet van ons dorp was, gevra wat hy van 'n weerpatroon dink. Hy het versigtig die gaatjie in die skoenleer met sy els oopgerek en gesê: "Ek sal nie sê jy moet op 'n patroon gaan nie. Jou patroon kan hóé goed wees, maar as jou wolkbank nie só hang dat hy die kerktoring met sononder tot by die klokopening vang nie, sal jy sewe dae later nie jou reent kry nie, en loop die rooispinnekop die jaar nie, dan is daar moeilikheid in 'n Augustusmaand wat jou weerpatroon betref, dit sê ek vir jou."

Nou ja, hier in Augustusmaand as die wolkbank reg lê, kan dit sewe dae later reent, al sê die weerburo nou wat. Jou rooispinnekop hoef amper nie te loop nie, jou duisendpoot is byna net so goed; dis of hy nog beter is vir 'n sagte, langdurige reent.

Jou grassie stoot uit, jou bome begin bot en jy kan 'n mielie dan al insit, want as jy gelukkig is met los buitjies, kan jy hom hier oor die droë maande van September en Oktober heen vat tot die eintlike reëntyd in November. As daar een Afrikaanse digter is vir wie ons hierlangs niks voel nie, is dit daardie een wat so tekere gegaan het oor Oktober, die mooiste, mooiste maand. Hy moes 'n bietjie hier by ons kom kyk het wat in Oktobermaand gebeur wanneer die eerste grassie begin verlep, die beeste begin vrek van die geilsiekte en die stofstorms so oor die kaalgevrete lande jaag.

In die eerste week van November, as die wolke reg is, as die sekelmaan water uitgooi en jou suurdeegplantjie meteens rys dat hy soos 'n dampadda skree, kan jy reent verwag, veral as die kokkewiet die jaar so erg roep. Maar nou is die kokkewiet 'n skaars voël by ons en ons ken hom as 'n tergerige voël. Hy kan skree net om jou te tempteer 'n goeie drie weke lank voor dit reent.

As die reent eindelik kom, verwag ons nie die sagte, deurdringende reent waarvoor die bedagsame biduurgangers so uitdruklik gevra het nie. Dis 'n allemagtige storm wat die eerste mielies, die melkstal se dak en die grootuierooie en die boontjiestoele saamvat. Maar ons ontstel ons nie te erg daaroor nie; dis skade wat ons in elk geval ly as die reent nie kom nie.

Die laaste reent van die seisoen kom gewoonlik wanneer die Geloftefeesgangers die middag na die dominee se kinderdiens luister en dan moet die voorsitter van die feeskomitee al die feesgangers se motors met sy trekker deur die turflaagte sleep, anders kom hulle volgende jaar nie weer fees toe nie en dan verloor 'n mens straks daardie reent ook.

Januariemaand ken ons as 'n taai maand om te reent en Februarie is ons bekende droogtemaand. Die eerste twaalf dae van die nuwe jaar is nou eintlik ons enigste offisiële weerpatroon vir die komende jaar. Soos die eerste twaalf dae is, só sal die twaalf maande daarna wees. Dit reent baie selde in die eerste twaalf dae van Januarie. Daarom, vir die twaalf maande daarna is ons voorspelling ruim so sekuur as die weerburo s'n.

Kyk, om nou eerlik te wees: Jy moet by ons nie ongeduldig met die weer wees nie. Hy reent nie graag nie, dit doen hy nie. Jy moet jou daarby aanpas as jy wil boer, dis al. Jy doen so min as moontlik sodat jou skade so klein as moontlik is en jy sê so min as moontlik sodat jou straf so klein as moontlik is, sê my buurman Jan. "Tog jammer," het ek eenkeer 'n boer hoor sê, "dat die kunsmismaatskappy nie die reent kan gee en die Goeie Vader die kunsmis nie. Dit sou dalk wondere aan ons weerpatroon gedoen het." Dié onskriftuurlike gedagte was nou darem na aanleiding van die kunsmisagente wat sy drumpel so deurgetrap het.

Die man wat ek ken wat hom die moeilikste by ons reentpatroon aangepas het, was oom Dries – nou reeds ter siele – maar dit was te verstane. Hy het as groot man hier ingetrek, een van die haastige Terreblanche'e van Stinkrivier daar in die Oos-Kaap, en die Noordwes-Vrystaat kon hom nooit vir sy weerpatroon wen nie. As die eerste vals reëntjie van Augustusmaand uitsak, wou hy mielies plant, of die rooispinnekop nou geloop het en of hy nie geloop het nie, en of die miere in die najaar gewerk het en of hulle nie gewerk het nie. Dan soebat sy vrou en sy bure keer en redeneer en neem hom elke dag met hulle saam na plaasvendusies en boereverenigingvergaderings, net om te keer dat hy begin plant. Maar oorkant hom, teen 'n lang, skuins bult af, het die Engelsman McRoss geboer, self so haastig soos die josie en 'n man wat dodelik op die weerburo se voorspellings gewerk het. En as oom Dries hom kom kry, dan staan hy een aand vasgenael voor sy venster en hy sien die geel liggies van McRoss se trekkers oor die lang swart land daar oorkant dobber.

Dan skeur oom Dries hom los en gaan karring aan die telefoon na sy swaer wat 'n paar myl van daar af bly.

"Swaer Jurie, ek sien McRoss se trekkers loop al. Hulle loop, ou swaer..."

Dan paai swaer Jurie so al wat hy kan: "Laat hulle loop, Dries, man, laat hulle loop. Hy sit maar seker net 'n paar akker vir voer in."

Maar die volgende aand is dit dieselfde ding: McRoss se trekkers loop nog al die tyd.

"Laat hulle loop, swaer Dries, wat weet 'n Skot nou van die Vrystaat se weer af? Jy kan mos hoor die paddatjies skree nog nie eens nie."

En die volgende aand: "Swaer Jurie ... ek dink ek het vanaand 'n paddatjie hoor skree."

"Twak, man. As hulle skree, is dit in hulle slaap, daardie flou ou skreetjie. Jy ken dit mos. Jou paddas moet deurdag skree..."

Selde het hy dit langer as vyf aande uitgehou, dan vlie hy met mag en krag in die ploeëry in: Net sommer so 'n blokkie vir groenmielies vir sy vrou Cilie, maak hy homself wys, maar wanneer hy eers begin het, kan hy nie ophou nie. Dit gaan dag en nag, sonder slaap of kos, tot hy asvaal is, met sy oë verwilder agter sy stoppelbaard, want hy wil nou presies gelyk met McRoss klaarkry. Eindelik is alles klaar; elke sooi omgekeer, elke land geëg en geplant en die reent baie weg.

Dan kom hy 'n paar dae later stil en sonder taal by swaer Jurie aan, sit skraal-skraal op die stoepbank met sy oë op die grond voor hom. Hy drink skaars sy koffie, of hy wil weer versit, en by die groet sê hy verwytend: "Jy kon my ook maar gekeer het, swaer, jy het self gehoor die paddas is nog nie reg nie, en alles. Jy kon my maar gekeer het."

En as ek nou weer dink aan die man wat hom die moeilikste laat wegskeur het van ons weerpatroon, dan was dit die man wat in my kinderdae as oom Hande bekend gestaan het. In daardie dae was Parys aan die Vaalrivier die groot vakansieoord van ons kontrei. Daarheen het die omgewing se boere Desembermaande opgetrek met hulle waens en onder die reusagtige ou doringbome en wilgers gaan uitkamp. Daar is binne die perke van fatsoenlikheid, meen ek, visgevang, jukskei gespeel, geswem en saans kaart gespeel en gedans tot hoenderkraai. O, hulle het vertel as jy 'n nooi in 'n roeibootjie so in die groen skemerte onder die wilgerslierte langs 'n eiland soen, kom sy daarna nooit heeltemal los van jou hartsnaar nie. As hulle die terugpad vat, word al die leë koskaste volgepak met karba's van Schoemansdrif se perskebrandewyn, jou voorraad vir 'n hele jaar. Na Parys het oom Hande se broers en susters altyd gereeld gegaan, maar wat vasgesteek het, is hy.

Gedurig sien hy dan tekens in die weer wat maak dat hy nie van huis kan weggaan nie. Die wendam moet skoongemaak word, die beeste moet gebrand word, want die reënvoëltjie skree, voerkrippe moet gemaak word, want die swaeltjies maak so vroeg klaar om te trek vanjaar... Ag, daar was altyd iets, en die arme Liesbet, sy vrou, moes die hele Desembervakansie by die huis bly en dorpsmense ontvang. Dit was in die jare voor see toe gaan in die mode gekom het, en in Desember was die dorp se mense 'n ewige las op die plase rond.

Een sekere jaar was dit Desember en Hande het sy storie reg. Hy hoor daar is nou so baie Engelse in Parys en hy gaan nie soontoe nie, want hy praat nie Engels nie en buitendien moet hy bly om sy skape te dous, want hy hoor die muskiet skree weer so fynerig in die vleie en die bloutong sal vreeslik straf wees vanjaar. Maar die broers en swaers had toe genoeg gehad van Hande se ekskuse. Só 'n mens raak naderhand heeltemal van sy eie mense vervreem, voel hulle.

Die ou grootvader se verjaarsdag lê toe nog voor en hulle sou dit eers almal bywoon. Die swaers spreek met Liesbet af dat hulle ou Hande dié dag met die verjaarsdag gaan oorhaal, buig of bars. Liesbet moet sorg dat die verewaentjie gepak word en stilletjies deur die werkers na die ou opstal aangebring word.

Daardie dag is al wat familielid is by die verjaarsdag, soos dit daardie tyd met 'n boer gegaan het. Dit eet en drink en die jong klomp rinkink en die ander sit op die stoepe en grappies vertel en die vroue bly binnenshuis aan die gesels en tee rond-dra. Maar die broers bly pal met ou Hande in die stoepkamer besig. Dit speel nou daar eenkant dat die ou grootvader dit nie sien nie, 'n bietjie klawerjas en intussen het hulle 'n bottel Witperd wat hulle hom met lemoenstroop saam injaag. Liesbet is kort-kort uit met 'n skinkbord koffie maar sy hou maar almelewe die stoepkamer se deur dop. Daardie aand halfagt, sê hulle, toe kom Hande uit die stoepkamer, wiegend op sy buitesole maar nog regop en, soos oom Dries ons later die storie vertel het, "doodsbleek, met 'n vreeslike gelaat op sy gesig."

"Pak op, Liesbet, ons gaan Parys toe," sê hy.

"En die skape dan, Hande?" vra sy nog huiwerig.

Hy vee oor sy snor en trek sy onderbaadjie se punt af. Hy maak sy een oog toe en korrel met die ander op haar: "Look ou girl, maai sheeps can go, aai go Parys toe," en toe slaan hy reg agteroor, die ses voet lange man.

Toe hy die volgende oggend wakker word, lê hy onder die verewa op 'n kermisbed op Vaalrivier se wal by Parys.

Die goeie ou dae

Waar is die goeie ou dae toe daar onder ons boeremense geen standverskille was nie? hoor ek mense vra. Ek moet lag. Nêrens anders is die stand en afstand so deeglik bewaar as juis onder die boeremense nie. Wie het onbeskaamder uitgevra as 'n boerpa wanneer 'n vryer sy ryperd se teuels oor die tuinhekkie kom gooi? Die afkoms, die voorkoms, die heenkoms is eers tot die vaagsels gepluis voor hy kon waag om sy perd af te saal.

Die boeregasvryheid was wel daar, dis waar, maar elke boervrou het geweet vir wie sy droë beskuit en vir wie sy waatlemoenstukke by sy koffie voorsit. Sy het geweet vir wie om in die stoepkamer bed op te maak en vir wie dié in die vrykamer met die gestyfde kussingslope en die bulsak. Trouens, sy het geweet wie net op die voorstoep ontvang word, wie in die eetkamer en wie in die sitkamer met sy familieportrette, pluimgras en fluweeloortreksels.

Ek het nog die voorreg of die agterstand gehad om onder die laaste oorblyfsels van die ou feodale stelsel van die platteland groot te word. In daardie dae was 'n boer nog boer; nie 'n huurder, 'n voorman, 'n rustende bankbestuurder of 'n mynmagnaat nie, en as boerderysake onder bespreking gekom het, het hy van laasgenoemdes geen notisie geneem nie. Hulle seuns sou hy nie as geskikte huweliksmaats vir sy dogters beskou het nie.

'n Boer was 'n man met een groot, aanmekaar stuk aarde en 'n paar los lappe grond wat hom uit aangetroude erfenisse toegeval het. Dit het hy losweg bestuur deur plaaswerkers en bywoners. Bywoners was nie plaasbestuurders nie, hulle was mense wat in die uiterste armoede met 'n waentjie en 'n paar stukkies los goed kom plek vra het. Naby 'n spruit of dam is hulle dan toegelaat om 'n sooihuisie op te rig of 'n leegstaande een te betrek. Die boer leen hom 'n spannetjie jong osse wat hy gewoonlik eers moet leer, 'n paar akker land, 'n ploeg en moontlik 'n melkkoei, en daarmee moet hy inval. Van wat hy wen, kry die boer 'n deel, tot soveel as die helfte. As hy niks wen nie, is dit 'n haglike toestand, want van 'n geskrewe ooreenkoms was daar geen sprake nie, van kontantbetaling nog minder.

Ek het eindelose redenasies op die voorstoep aangehoor tussen my stiefoupa en bywoners wat die jaar "onderdeur" gekom het, soos hulle dit genoem het. Dan moes so 'n man by my oupa kom geld leen om die res van die jaar mee uit te kom. Op die uiterste sou hy daarvoor twintig pond durf aanvra. Hy sou 'n roerende pleidooi moes lewer, sy borge moes honderd persent wees en sy gesig nog beter, soos 'n hulpbehoewende bywoner s'n behoort te wees, voordat my oupa toestem. Agterna sou hy iesegrimmig aan my ouma sê: "Ek het die lunsriem maar twintig pond geleen, op lewenslange uitstel, sonder rente. Die oomblik dat hy kan terugbetaal, sal die plek waar die bondeltjie lê, begin te jeuk." Dit was die grondige waarheid en ook die bywoner se enigste wapen. As hy naastenby die geleende geld bymekaar het, ontwikkel hy allerhande griewe, trek hy haastig en skielik na 'n ander boer. Daar was mense wat sulke bywoners laat vang en uitverkoop het om die skuld te vereffen, maar dit, so het my oupa geglo, was om die voorslag te dun uit te haal.

'n Bywoner moes nie wou lol om self vooruit te boer en 'n bietjie aanteelvee bymekaar te kry nie. "Ta se some word te breed," hoor ons, en Oupa ontwikkel dan op sy beurt allerhande griewe om van hom ontslae te raak. Sy kanse om by iemand anders plek te kry, was dan skraal. Die enigste wat 'n ryk bywoner sou aanneem, was 'n skelm boer wat hom gou-gou deur onverhole bedrog van sy suurverdiende opspaarsels beroof het.

'n Jaar of wat later kom dieselfde bywoner dikwels weer terug by my oupa, so kaal soos sy hand; griewe is vergeet en hy ewe gewillig om voor te begin. My oupa was deur ryk en arm gerespekteer omdat hy "weet hoe om met bywoners te werk".

Die bywoner en sy gesin het verder van gunste en gawes uit die boer se huis gelewe. Jy moet iets hê om aan die armes mee te deel, het die boere volgens Bybel geglo, en daarom was die hand wat kos aanbetref betreklik oop, maar ek dink dit is waarskynlik by die gesindheid waar 'n bywoner se toekoms beslis is, waar hy sy waardigheid as mens gewen of verloor het.

Die eerste het gebeur by 'n vrou soos my ouma. Die bywonersvroue het partykeer kom help met die perskedroëry, die slagtery of die inmaak van vrugte. Met die groot verjaarsdagvierings van my oupa waar daar maklik tweehonderd mense by die lang dresseltafels aangesit het, het hulle voor die tyd kom hand bysit. Hier het party van hulle vir die eerste keer geleer hoe om fyngebak uit te rol, koeke te versier, wildsboude te lardeer en slaaie en groente keurig voor te berei, want my ouma was 'n kok van naam. Die kalkoene is by die dosyn soos duiwe in die groot seeppotte buite gebraai, die speenvarke soos brode in die buiteoond gebak en die melktertvulsels emmergewyse voorberei. Sy het hulle van medisyne en tuisverpleging geleer, want sy het meer as die gewone mens daarvan geweet, maar hulle bowenal soveel respek betoon dat hulle adel ook in armoede aangeleer het.

My ouma is ál vrou wat ek in daardie jare geken het wat nie 'n sitkamer gehad het nie. Almal – ryk, arm, goed, sleg – is in die groot eetkamer ontvang. En hoe arm was die armes nie toe nie! Ek sien hulle nou nog voor my: die skeef gewaaide, tandelose vroue, die klein kindertjies met hulle gebarste, skurwe voetjies, sisrokkies en konsentrasiekampkappietjies wat verdwaas om die groot eettafel kom sit en koffie uit die vergulde koppies drink. En tussen hulle my ouma, die rustige vrou wat in almal net die beeld van God kon sien. Toe een van die bywoners op 'n keer aan longontsteking op sterwe lê, het sy by hom gaan waak, soos sy by die voorstes van ons kontrei gaan waak het. My ma was toe 'n dogtertjie van twaalf jaar oud en moes saam, "want," het my ouma gesê, "alle mense, ook kinders, moet weet wat die dood is, sodat hulle daarna kan lewe."

Daar was, soos op alle groot plase in dié tyd, 'n skool op my oupa se plaas. 'n Plaasskool was iets wat jy daargestel het, in 'n groot mate ook om bywoners na jou plaas te trek, en juis in dié skole het, sonder dat ons dit besef, die eerste snykant tussen ryk en arm afgestomp geraak, die ou feodale stelsel sy eie ondergang bewerk. Natuurlik is my broer en suster wat nog daar skoolgegaan het deur die onderwyser voorgetrek. Hy het op slot van sake self in een van my oupa se huise gewoon en by hom geld geleen om 'n motor te koop. Maar toe reeds kon niemand Totius se "Blomme, blomme duisendkleurig" so mooi opsê soos Wylie, die bywonersdogter nie; niemand kon hoofrekene doen soos Biel, my oupa se hoofbywonerseun nie, en Koekie het toe al op die dorpskool se "sports" gaan hardloop. Smiddae het Links my broer en suster 'n ent in hulle donkiekar laat saamry teen betaling van 'n sny brood met regte botter daarop.

Toe ek vyf jaar oud was, het ek Plankies, 'n groot puisiegesigseun, aanbid. Hy het my altyd kom optel as ek in 'n plaat duwweltjies vassit. "Want," sê hy dan, "nee wat, ou Dôtie, duwweltjies maak my niks, ek het my onsigbare newwies aan."

En wie weet of Lodewyk nie, as die feodale stelsel hom nie vasgehou het nie, tot een van die grotes in ons digkuns kon ontwikkel het nie. Dit is hy wat vir Bettetjie, 'n mooi gestoelde dogter, tot raserny kon dryf met: "Bette kerêtte kerietstiek stan, sy het haar ma se bloemer an."

Oor die groot oomblikke van die lewe was die bywonerkinders altyd veel beter ingelig as ons. Dit het die groot moles van my broer en Pen bewys. Pen was toe al 'n man wat sy donsbaard wou skeer en my broer skaars dertien.

Rondom die statige ou tuin met sy lemoen- en granaatbome was daar 'n gepleisterde klipmuur, en hierop het Pen vir my broer met groen granaatjies geïllustreer dit wat ons nou maar die biologiese stappe in die voortplanting van die mens sal noem. Hy het die plesierigheid met lewensgroot figure afgeteken en sommer die name van allerhande bekende grootmense op die plaas onder die figure neergeskryf. Pen het eerlik gemeen dat hy die strepe sal kan doodvryf wanneer die granaatsap droog is, maar so het dit nie gebeur nie. Twee dae later, toe my oupa in sy Hupmobile van die dorp af terugkom, kry hy byna 'n toeval toe hy die liederlikhede in helder bruin strepe op sy vaal tuinmuur sien, nogal so reg in die gesig as mens om die draai by die werfhek kom. Die twee het elkeen 'n verskriklike pak slae van hulle onderskeie ouers gekry, maar geen geskrop van watter aard ook al kon die mure skoon kry nie. Tot ek, wat nog nie kon lees of skryf nie, het veel meer van die aanduidings verstaan as wat vermoed is. Die muur moes inderdaad spierwit afgekalk word om die onreinhede te bedek.

Die Depressie wat soveel Afrikaners ondergeploeg het, het juis aan hierdie bywonergesinne die uitkoms besorg. Baie van hulle het in daardie tyd dorp toe getrek en, gewoond aan armoede en onreg, daar 'n beter bedeling gevind. In later jare het ek baie van ons plaasskoolleerlinge raakgeloop – ordelike, voorstedelike Afrikaners. Dit ontroer my altyd diep dat ook hulle van die ou bywonerdae aangename herinneringe oorgehou het: "Ja, jou ouma en oupa ... hulle soort sien 'n mens vandag nie meer nie ... ware ou aristokrate." Iets positiefs was daar dan tog in die hele ou stelsel.

Ek weet nie of ek my stiefoupa streng gesproke 'n aristokraat kan noem nie. Daarvoor het sy oë alte onheilig geglinster wanneer hy die konsertina so laat bibber op 'n walsdraai, daarvoor kon hy 'n pruimpie te sekuur wegspoeg met 'n "lê daar, jou galpil", en het hy sy rieme te breed uit andermansvel kon sny. Met sy vinnige bruin ogies, bokramkuif en Jopie Fouriesnor het hy in sy regop leunstoel op die breë voorstoep gesit. Die swartes moes met klippies verslag doen van koeie en kalwers in die vele kampe van 'n uitgestrekte koninkryk. Langs hom op die stoeptafel staan sy twaksak, die kleipot met fonteinwater, die Boerealmanak en *Die Kerkbode*, en tussen hierdie vier hoekstene van die beskawing kon hy van die nederigste tot die vernaamste besoeker hanteer.

As ons vir hom genoeg hoendervere bring om sy pyp mee skoon te maak, speel hy vir ons op die konsertina of vra hy vir ons raaisels: "Keiser Karolus had een hond, Also heet die hond. Ik geef jou die raaisel in die mond, hoe heet die hond?" En ek kon nooit verstaan waarom hy dié een: "Om het nekje gegrepen, oor het pensje gestrepen, o, my liewe heugie, uit die gaatjie kom die vreugie," met so 'n onfatsoenlike grinnik in sy baard kon vra nie, terwyl die antwoord tog maar net 'n viool was.

Voor hy saans inkom binnetoe, was dit ons voorreg om sy voete vir hom in die voetbadjie te was. Smiddae aan tafel, nadat hy vir almal ingeskep het, neem hy 'n bordjie, skep 'n groot skep mielierys en pampoen daarop, meng dit, druk 'n holte met die lepel bo-op, drup dit vol sous en sit dit langs sy stoel neer vir Swartland, die tamaai ou swart kat. As hy dit klaar geëet het, is ou Swartland te dik om hom uit te rek en sit hy 'n lang tyd met giftige groen oë onder die tafel sy kos en verteer, terwyl sy oubaas onder ligte middagsnorkies op die springbokleersofa in die donkergemaakte eetkamer dieselfde doen.

Ek het my oupa nooit harde werk sien doen nie, nooit sonder sy onderbaadjie gesien nie. Een van die bywoners moes sy hare en snor vir hom top en sy toonnaels vir hom regsny – alles dinge wat nogal handvaardigheid vereis het. Maar hy was soos die boer van sy tyd oppassend tot in die geringste. Vuurhoutjies het hy nooit weggegee nie en dit was 'n groot present vir 'n werker om twee vuurhoutjies en 'n stukkie swael so groot soos sy duimnael van die oubaas te kry. Hy het niks groter as 'n sjieling in sy beursie gedra nie en ons skoene versool met klinknaels en ysterprotektors om dit langer te laat hou.

Beeste brand, skaap skeer, rieme brei, water lei, dit het hy alles van die sykant af met sy bywoners en swartes bestuur. Belangrik was die dag wat hy ingaan dorp toe om sy mielies of wol by Cohen te gaan verkoop. Hulle beraadslaag 'n hele dag lank oor die prys, en ek dink my oupa sou bitter ongelukkig gewees het as hy moes dink mense soos genl. Hertzog en dr. Malan steek hulle neuse in die saak wanneer hy en Cohen oor sy mielies of wolprys besluit. Hy het altyd ná die transaksie 'n present van Cohen verwag en dit gekry: 'n nuwe paar skoene, 'n leertas of 'n glasinkpot. So 'n inkpot was iets besonders vir 'n man wat sy ink vir hom van nastergal en asyn laat kook het. Aan 'n ding soos 'n vulpen sou hy nooit geraak het nie.

Ja, hy was 'n boer. Hy sou hom nooit verwerdig het om meer as dit te probeer wees nie.

Die profeet van Rietfontein

Hoewel my pa 'n groot agting vir my ma se familie gehad het, het die jaarlikse besoek van 'n week aan my oumagrootjie in Winburg hom diep verveel. Die enigste ligpunt daarin was die dag waarop hy na Theunissen kon oorry om by oom Joseph du Plessis te gaan kuier. Hy het ons nooit saamgeneem nie, en altyd daarvandaan teruggekom soos een wat by 'n fontein van lewende water gaan skep het. Afgesien van sy bewondering as jong en geesdriftige Afrikanerbeesboer vir oom Joseph as Afrikanerbeesgenie, was daar by hom die aanhanklikheid van 'n seun wat sy pa te vroeg verloor het, die oorgawe van 'n geslote mens aan iemand wat liefde en geesdrif en vitaliteit na buite uitstraal.

Want so was oom Joseph Plessis – 'n volkome persoonlikheid, iemand wat presies geweet het wat hy wou wanneer hy wou. Elke mens en elke dier en elke omstandigheid was vir hom 'n belewenis wat hy na aard en gees ondersoek en omgekeer en geniet het.

Met baie name en baie prestasies wat vir die eer in aanmerking kan kom, word daar nog steeds aanvaar dat Joseph Albertus du Plessis die eintlike skepper, verfyner en groot kenner van die Afrikanerbees was. Elke kudde van belang in die land het op die een of ander tyd lewegewende bloed uit sy oorspronklike kudde ontvang. Die wetenskaplike standaarde waarvolgens Afrikanerbeeste vandag nog beoordeel word, berus op sy beginsels, soos geleerdes dit vertolk. Jare lank is daar in die Afrikanerbeestelersvereniging byvoorbeeld gestry om ander kleure behalwe rooi vir registrasie in aanmerking te laat kom, en altyd het dit misluk, omdat daar in die oorspronklike beginselstelling wat hoofsaaklik deur oom Joseph geformuleer is, nie van ander kleure sprake was nie.

Die Du Plessis's, te wete oom Joseph se oupa, ook Joseph, het waarskynlik saam met die Potgietertrek na die Vrystaat gekom. Hulle was van Graaff-Reinet, Potgieter van Tarkastad, en het hulle Afrikanerbeeste saamgebring. Dit is doodnatuurlik dat ná Potgieter die grond tussen die Vet- en die Vaalrivier by Makwana geruil het, die Du Plessis's die vleie langs die Vetrivier as die beste beeswêreld in Suid-Afrika sou herken. Ou oom Joseph du Plessis het sy plaas daar afgery en vir verder trek geen sinnigheid gehad nie. Sy plaas het hy Strydfontein genoem, ter erkenning van die feit dat daar min plekke in Suid-Afrika was waar die groot vrae en verkeerde antwoorde van die negentiende-eeuse Boeregeskiedenis so duidelik was as in Winburg. Het Winburg sy naam gekry as gevolg van die oorwinning oor die Matabeles by Vegkop? Nog nooit gesien nie, sê die ou voorsate. Die Wesselse en die Therons – die ou, eerste intrekkers – het verskil oor waar die dorp uitgemeet moes word, soos hulle oor elke geskilpunt op aarde verskil het. Die Wesselse was bekend as veglustige mense; die Therons versigtiger, maar baie koppig. Die Wesselse het hulle sin gekry. Die dorp wat verrys het, het hulle Winburg genoem om hulle oorwinning oor die Therons te gedenk!

Strydfontein het weg van die hoofroetes gelê, gerieflik ver van die Basotho's en Engelse, en hier het ou Du Plessis en sy twaalf kinders hulle koninkryk gevestig. Dit was 'n ideale woonplek. Ek verbeel my altyd dat toe A.G. Visser sy "Lotosland" geskryf het waarin hy vertel van Voortrekkers wat aangekom het in 'n luilekkerland van Leipoldtse lente, waar die koedoes kom skuur aan die waens en die swartwitpense melk uit 'n bak drink en hoe hulle daar van luiheid gesmelt het ("vandaar die naam Vetrivier!"), dit met meer geografiese deurskouing geskryf is as wat mense besef.

Dit was 'n wonderlike tyd en 'n wonderlike lewe, onthou tant Hendrina Theunissen nog, oom Joseph du Plessis se enigste oorlewende dogter. "Nee," sal sy jou reguit sê, "hulle het nie gewerk daardie ou mense nie, my hartjie. Hulle het die Here gevrees en hulle goed opgepas." Daar is nie veel gesaai voor die Anglo-Boereoorlog nie. Dit was vee. Hulle het na hul diere gekyk en hulle geld gebêre. Hulle het swartes gehad om die handewerk te doen.

Niks, sê tant Hendrina, nie eens die maande in die helkamp op Winburg – toe so baie op 'n dag gesterf het dat katte en honde aan die lyke begin vreet het voor hulle begraaf kon kom – niks van hierdie dinge het vir haar die werklikheid van die Boere se nederlaag so tuisgebring nie as die dag toe hulle terug op hulle afgebrande plaas was, en sy haar pa sien water lei en tuin omspit en pampoene plant – soos 'n swarte.

Die Du Plessis's was gasvrye mense by wie troues, verjaardae en Nuwejare gevier is soos op Leon Maré se Palmietfontein. Op 'n plaas soos Rietfontein sou die waens sulke tye plaat-plaat staan. Rietfontein is een van die plase wat oom Joseph die oue bygekoop het en waar in chronologiese volgorde sy seun Koos, sy kleinseun Joseph, die Afrikanerbeeskoning, sy agterkleinseun Koos en sy agteragterkleinseun Klein Joseph gewoon het.

Op Nuwejaarsfeeste daardie tyd het dit gebeur dat die plaaseienaar op die oggend van die eerste Januarie dink dat die fees besonder geslaagd en die samesyn lieflik was. Hy wag dan tot almal hulle waens ingespan het en skiet die vooros van die voorste wa dood. Die mans trek hom by en slag hom af, die vrouens bewerk hom, en die vertrek word uitgestel tot hulle die os opgeëet het. Die gasheer gee die eienaar 'n nuwe os present, en die terugreis begin.

Oom Piet du Plessis, 'n seun van ou oom Joseph wat na Senekal se wêreld uitgewyk het, vertel nog 'n merkwaardige verhaal. Een Nuwejaar was oom Piet sonder opgaaf van redes afwesig by die Nuwejaarsfees op Rietfontein. Twee van sy broers het 'n oop bokkiekar ingespan en laat ooplê tot in Senekal.

Daar het hulle oom Piet gevang, hom oopgetrek en onder die buik van die bakkie vasgemaak, sy mond vol gekerfde pruimtwak gedruk en só met hom teruggery Rietfontein toe. Oom Piet sou daarna twee maal dink voordat hy die Nuwejaar op Rietfontein met sy afwesigheid beledig.

Goeie wyn was een van die gesogte ruilartikels wat met die Du Plessis's se waens van die Boland af gekom het. As groot luukse het daar dan en wan ook 'n ankertjie regte druiwebrandewyn saamgekom. Origens was daar genesende koekemakranka- en gemmerbrandewyn en kaalvuisperskebrandewyn wat toe reeds hier aan die Vaalrivier by Schoemansdrif en ander plekke gestook is.

Dit is nou eenmaal so dat 'n mens se jagstorie en jou griewe teen die Engelsman en die swart man op hul beste vlot wanneer die ankertjie van die een na die ander begin loop. Dit wil nie sê dat drank misbruik is nie, en die ou mense, vertel tant Hendrina my, het baie gemmer- en hopbier gemaak.

Die jongmense het al piekniekende met 'n wa van plaas na plaas gery, die jongspan daar opgetel en aangery Rietfontein toe. Daar is gedans, vinger getrek en jukskei gegooi. Dit is waar jongmense mekaar ontmoet het en vryerye begin is.

Byna al die gevestigde, vermoënde Vrystaatse families het toe reeds hulle Afrikanerbeeste gehad: die Fouchés, die Greylings, die Van Biljons wat onder die Du Plessis's ingetrou en só hulle beeste gekry het, die Geldenhuyse en die Du Plessis's. Hulle het die bees bestudeer en geteel en ingeteel en was op hom gesteld soos Persiese sjahs op hulle Arabiere. Hulle het hulle geel, skilder, bont, rooi en bloedrooi apart gehou, hulle kon ure redeneer oor die draai van 'n horing, die val van 'n kruis, die hang van 'n stertkwas. Aanteelbeeste is selde verkoop, en om van iemand soos oom Joseph du Plessis 'n bulkalf of 'n ou koei te koop te kry, was 'n teken van heel besondere geneentheid.

Dis waarskynlik toevallig, maar tog interessant, dat Vrystaatse families wat om hulle teelwerk in hulle kuddes beroemd was, ook met hulle eie families so graag en so deskundig ingeteel het. Die Wesselse, wat vir hulle skape en perde beroemd geword het, het ingetrou; die Geldenhuyse, wat ná die Du Plessis's die beroemdste Afrikanerbeestelers van die twintigste eeu sou word, het ingeteel dat jou hare daarvan rys. Die Du Plessis's het onder die Oliviers en Van Biljons ingetrou, meer nog onder takke van die Du Plessis-familie self sodat hulle self nie meer weet hoe hulle inmekaarsteek nie.

Kyk, sê tant Hendrina, daar is drie soorte Plessis's: die Perdevleiers, die Kringgatte en die Strydfonteiners. Hulle het onder mekaar ingetrou, maar keurig, nou, jy verstaan. Hulle het net geweet tot hoe ver. Toe oom Joseph se seun Koos met sy eie niggie trou, het oom Joseph byvoorbeeld niks daarvan gehou nie, goeie mens soos Lena du Plessis was. "Jy vang nie 'n hoender op jou eie werf nie, Koos!" het hy gewaarsku.

Elkeen van die drie takke het hulle eie manier van lyk, van dink en selfs van doodgaan gehad. Die Perdevleier het die manier om sommer net te gaan – in 'n oogwenk! Tant Hendrina se eerste man was 'n Perdevleier, en sy het nog met hom staan en praat, dit was 'n maand ná haar troue ... dit was nie maklik nie. Die Strydfonteiners is die mense met die siekbeddens: Maande, jare bring hulle op 'n siekbed deur. Die Kringgatte – ja, dié het wel in die lewe nie veel onderskeiding in hulle nie, maar met die sterwe kan hulle jou nogal verras.

Van die oergeskiedenis van die Afrikanerbees is weinig bekend, behalwe dat dit die migrasies van die Afrikastamme beleef het en eindelik met die aankoms van die eerste wit mense as vaste tipe deur die Hottentotte as ruilmiddel aangebied is. Die bees is vasgeweef in die godsdienstige rites van die swart man en het koninklike status in die stamlewe gehad. Die ou stamkapteins was kundige telers, hoewel die dinge waarvoor hulle geteel het, nie van belang vir die wit man was nie. Die kleur was baie belangrik vir hulle, omdat die beesvelle vir die regimente se skildvelle gebruik is. Sekere stamme het sekere kleure verkies, en vir sekere seremonies was die kleur van die offerbees belangrik. Witrugge was in boswêreld makliker sigbaar as eenkleurige beeste. Sekere stamme het die horings in bepaalde patrone geteel en seremoniële waarde is aan 'n lang stertkwas geheg, wat terloops ook gehelp het om die dier vry van steekvlieë te hou. Vanselfsprekend is by die uitsoek van bulle op uithouvermoë, vrugbaarheid en aggressiwiteit gelet. Dikmelk was een van die belangrikste voedselsoorte van die kaptein, daarom moes op die koeie se melkproduksie gelet word.

Die Boere het baie gou die gehardheid van die inheemse bees leer waardeer en trekosse is van die vroegste tye van die swartes verkry. Die Afrikanerbees had, soos vandag nog, 'n besonder sterk erfdwang, met die gevolg dat verbastering met Vaarlandsbeeste uit Holland en latere Europese beeste omtrent net die kleur en byna glad nie die bouvorm beïnvloed het nie. Dit was seker een van die redes waarom daar, toe die bees later tot die stamboek toegelaat is, so konserwatief met die kleur te werk gegaan is. Net rooi is toegelaat, en swart aan die neus, horings en kloue – dikwels die enigste teken van verbastering – is met mening geweer.

Die grensboer van die negentiende eeu het 'n effens verbasterde Afrikaner, swaarder van bouvorm, gehad. Hulle het tydens die Groot Trek die land in versprei waar hulle deur roof en ruiltransaksies weer eens met die inheemse bees van die inboorling gekruis is. In die tweede helfte van die negentiende eeu was daar reeds drie vaste Afrikanertipes bekend: die eerste 'n groot, swaar bees met dun, onreëlmatig gebuigde horings, die bakhoring genoem, met 'n helder, bloedrooi kleur, dikwels wit onder die pens en wit aan die bene. Die tweede tipe was 'n rank bees met 'n lang nek, reguit rug, hoog op die bene en die horings byna reguit met twee buigings. Hulle is die draaihoring genoem en was 'n besonder geharde tipe. Die ou boere het egter 'n derde tipe verkies wat as die keepnek bekend was. Die dier had fyn gevormde, geboë horings, van die weglêsoort, hy was breed oor die kop, met 'n kort nek en hoë skof met 'n keep voor. Die blaaie het hoër as die boude by die bulle gestaan, die rug was kort, met 'n hangkruis, die kleur rooi met wit vlekke onder die pens en soms 'n wit ring om die nek (rinkhals).

Die keepnekke was 'n middetipe tussen twee uiterstes, en

die beesboer van die negentiende eeu het baie slim met die eerste twee tipes geteel om die derde as eindresultaat te verkry. Daar het met verloop van tyd bekende kuddes ontstaan: dié van Johannes Cloete van Makwassie, byvoorbeeld, die man wat die eerste hierdie drie tipes beskryf en in later jare na Kenia uitgewyk het; dié van oom Petrus Erasmus, die seun van genl. P.J.E. Erasmus wat by Pretoria geboer het; dié van die Bührmanns by Ermelo, die Hoffmanns by Wolmaransstad; in die Vrystaat dié van die Pieterses, die Rasse, die Fouchés, die Du Plessis's, en in die Kolonie dié van die Pringles en Besters.

Maar reeds voor die Anglo-Boereoorlog was Joseph Albertus, die tweede seun van oom Koos Strydfontein, op sy plaas Rietfontein as die fynste kenner van Afrikanerbeeste bekend. Daar was iets besonders aan sy kudde, 'n eenvormigheid van bou, 'n fynheid van haar, 'n grasie van beweging wat tevore nog net by die wildsbok van ons graslande gesien is. Toe reeds het mense groot moeite gedoen om van sy rasbeeste in die hande te kry, en daar is gegis oor die metodes waarvolgens hy inteel.

Toe die Anglo-Boereoorlog uitbreek, was oom Joseph 'n man van vier-en-veertig jaar oud. Hy is opgekommandeer en het saam met die Winburgse kommando na Natal vertrek terwyl sy vrou Lenie met haar vyf kinders op die plaas agtergebly en soos al die boervrouens van die tyd gewoonweg met die boerdery voortgegaan het. Oom Joseph se groot vriend was Helgaard Theunissen, toe getroud met een van sy niggies. Theunissen was die kommandant van die Winburgse, Senekalse en Ventersburgse kommando's onder hoofkommandant Marthinus Prinsloo, en aan die sy van Theunissen, een van die dapperste kommandante van Christiaan de Wet, het oom Joseph die binnekant van die oorlog leer ken.

Ná die val van Bloemfontein het hy die eed van getrouheid aan Brittanje afgelê. Terug op sy plaas het hy 'n bees geslag, beskuit laat bak, sy wa gepak, die keur van sy Afrikanerbeeskudde uitgekeer en met hulle Transvaal toe, tot agter die Soutpansberge getrek. Tot die einde van die oorlog het hy en sy getroue jong Bêrend met die beeste rondgevlug. Die een keer toe oom Joseph dit terug na sy plaas gewaag het, het hy sy huis afgebrand gevind. Sy vrou en kinders was in die Winburgse konsentrasiekamp. Op sy skoonouers se plaas het hy sy skoonmoeder nog gekry. Omdat hy byna nie klere aan sy lyf had nie, het sy vir hom in die haastigheid 'n baadjie van vel met wilgerhoutknope gemaak. Dit is later in die Oorlogsmuseum op Bloemfontein bewaar.

Oom Joseph was nooit spraaksaam oor sy belewenisse mensalleen in die wildernis met sy beeste nie. Hy het geweet dat hy sy kommando in die steek gelaat het. Eers 'n skrywer soos Eugène Marais kon die heroïese in iemand wat sy beeste deur vol riviere en Engelse kolonnes met 'n fluitroep gestuur het, insien en beskryf. Die verhaal "Afrikanerbeeste" in Marais se bundel *Die Leeus van Magoeba* is waarskynlik op oom Joseph du Plessis se oorlogsondervindinge gebaseer.

Toe die gesin ná die oorlog op Rietfontein kom, kon hulle 'n bokseil bekostig om oor die afgebrande mure te trek. Oral op die werf het wit wolpluisies aan die drade en gras gekleef. Voor sy kamp toe is, het sy vrou Lenie nog die skape laat skeer. Omdat wolsakke onverkrygbaar was, het sy die wol in die spens laat vastrap en die deur gesluit. Toe die huis afgebrand is, het die wol nie gebrand nie, later uit die murasie gewaai en oor die hele werf versprei gelê. Die kinders het dit bymekaargemaak en na Winburg geneem, en hiervoor kon oom Joseph vir hom twee perde, 'n kar en 'n bietjie lewensmiddele koop.

Daar is ook ander telers wat daarop aanspraak maak dat hulle kuddes deur die oorlog behoue gebly het. Dit is waar dat boere ná die oorlog beeste met hulle oormerk onder dié van joinerskuddes uitgekeer en teruggekoop het, maar daar is seker nie een wat kan sê dat hy met sewe-en-tagtig van sy beste ná die oorlog kon begin nie.

Oom Joseph het by twee geleenthede 'n koei wat hom as bruikbaar voorgekom het, by ander gekoop – een daarvan by Ferdinand Pieterse, en haar verskalf het hy Juffrou Pieterse genoem. Dit is hierdie Juffrou Pieterse wat die skilderbeeste in oom Joseph se kudde teruggebring en die stamboekkeurders jare lank grys hare besorg het, want wanneer telers se kuddes te veel Rietfontein-bloed bykry – dus onbetwisbaar op hoë standaard begin raak – begin die skilderkleur wat nie aanvaarbaar vir die stamboek is nie, uitslaan en moet dit met minderwaardiger bloed doodgeslaan word!

Wie ook al voor die Anglo-Boereoorlog mog aanspraak maak op koningskap onder die Afrikanerbeestelers, ná die oorlog was dit die eerste twintig jaar lank Joseph du Plessis en Joseph du Plessis alleen. Hy het die beeste, die ervaring, die visie en die selfvertroue gehad. My pa het geglo dat dit die grootste enkele faktor is waardeur die Afrikanerbees ná die oorlog hoegenaamd bewaar gebly het. Ná die Vrede van Vereeniging is die land oorlaai met Europese beeste in 'n poging om die veestapel aan te vul. 'n Nuwe beleid van teling is gevolg en op alle rasse afgedwing. Die edel werk van die Departement van Landbou wat in daardie jare ontstaan het, van die landboukolleges wat wetenskaplike kennis onder die boere versprei het en die landbouskoue waar die boer sy pogings aan deskundige beoordeling onderwerp het, is bekend. Hierdie haastige modernisering het veel goeds tot stand gebring, maar dit het ook 'n nadelige uitwerking gehad waaraan 'n ontwikkelende ras soos die Afrikanerbees hom moeilik ontworstel het.

Daar is sedert die Anglo-Boereoorlog aanvaar dat die Afrikanerbees met sy ranker bouvorm en later ryping 'n agterstand teenoor die Europese bees het, en deur goedbedoelde wetenskaplike pogings om hierdie "agterstand" in te haal, is daar meer skade aan die ras gedoen as wat verwaarlosing ooit kon.

Ná die oorlog is daar besef dat 'n stamboekregister opgestel en 'n vereniging vir die beskerming van die Afrikanerbees gestig moes word. Mnr. Alex Holm, prinsipaal van die Potchefstroomse Landboukollege, het met hierdie doel voor oë op 19 Junie 1912 'n vergadering van die land se bekendste Afrikanerbeestelers op Potchefstroom belê. Teenwoordig was byvoorbeeld mnr. Johannes Bührmann van De Emigratie, Ermelo. Hy is as voorsitter gekies van die Afrikanerbeestelersvereniging wat toe gestig is. Die reeds genoemde Erasmusse van Pretoria was daar, die Rasse van Hoopstad, die Pieterses wat voor die oorlog van die voorste telers was, maar wat hul grootste krag verloor het toe die seun Jan Pieterse saam met genl. Beyers gedurende die Rebellie in die Vaalrivier verdrink het. Daar was die vader van pres. J.J. Fouché uit Rouxville; Barry Gradwell, 'n prokureur van Bloemfontein wat later Bührmann as voorsitter opgevolg het. Uit die Kaapprovinsie was daar die Oosthuizens van Cathcart, die De Wets van Zandvliet, die Van Zyls van Britstown.

Ná die stigting van die vereniging het oom Joseph du Plessis, wat ook daar was, Ferdinand Pieterse, S.P. Erasmus, F. de Wet, A. Greyling en S.P. Fouché die regeringskudde op die proefplaas van die Potchefstroomse Landboukollege beoordeel en hierna 'n standaard van volmaaktheid opgestel. Daar is besluit om ere-inspekteurs – boerende telers – vir elke landsdeel aan te stel om beeste vir die stamboek te keur. 'n Lys van persone wat as beoordelaars geskik sou wees, is opgestel. Daar is besluit dat die geskiedenis van die ras nagevors en opgeteken moes word. Al hierdie stappe kon niks anders as voordeel vir die ras bring nie. Die vereniging het hom in die beginjare veral baie positief deur sy telers self laat lei. Maar die vereniging was magteloos teen 'n landsklimaat wat hom in sekere rigtings gedwing het. As 'n mens die pryswennende foto's van Afrikanerbeeste uit die 1910's en 1920's nagaan, vind jy hulle oorvoerde beeste met slegs die allervaagste karaktereienskappe van die oorspronklike Afrikaner in hulle bouvorm.

In hierdie omstandighede het die ou profeet van Rietfontein sy boeg dwars gegooi en met 'n joviale skouerklop en 'n binneboudknyp vir die papierboerdery sy eie koers ingeslaan. Hy het ten nouste saamgewerk met die vereniging, die vergaderings bygewoon, aan sy praktiese eise sover doenlik gehoor gegee, maar Afrikanerbeeste het hy geteel soos hy dink. 'n Jong teler soos my pa het net geweet dat as hy 'n Du Plessis-bul onder sy kaiings bring, ruk dit hulle soos hase orent, en die saaiboer van die Oos-Vrystaat het jaar ná jaar sy osse langs die Vetrivier kom uitsoek. Daardie osse het veertien dae oorland getrek, daarna orrelstryk voor 'n drieskaarploeg gaan inval en ná die ploegseisoen weer so vet geword dat hulle broeke dra. Op die veeskoue kon die nuwe beoordelaars ure lank lesings oor die beoordeling van die Afrikanerbees hou, maar die skouboer het maar solank sy skoudier so ingetrek dat die J.P. op sy boud duidelik na die beoordelaar se kant wys sodat dié nie deur sy eie diskoerse op die verkeerde spoor gebring word nie.

Toe beoordeling later met maatlyne begin doen is, agterkwarte gemeet en 'n dier se kwaliteit op 'n skaal bepaal is, het oom Joseph oor die voer van beeste lugtig opgemerk: "Net 'n brekfissie van mieliemeel, niks meer nie." Van die oordrewe belang wat aan die agterkwart geheg is, het hy gesê: "Wie by die gatkant begin, sal by die gatkant eindig." Toe Amerikaanse voerresepte om beeste met die groots moontlike gewig vleis te belaai, die dagtaal begin word, het Joseph du Plessis 'n teenwoord, "lyfskoon", geskep, en tot op die huidige dag is daar nog geen ander term om die elegansie van die fikse, veldgeteelde, gestroopte Afrikanerkoei te tipeer nie.

Die kop en horings van 'n bees is die afval van die slagpale, het die uitlandse beesdeskundige vertel, en dit is die aandag wat dit verdien. Maar die kop en horings dui die karakter van die bees aan; mense sonder karakter en beeste sonder karakter voer ewe min uit met wat jy hulle gee, het oom Joseph toe gesê, en tot op hierdie oomblik hou telers hulle met die "karakter", die manlikheid en vroulikheid van 'n Afrikanerbees se kop, besig. Hulle kan jou selde iets positiefs vertel, hulle teorieë daaroor is so uiteenlopend, onlogies en soms so eroties dat dit skoon ongesond raak, maar die blote feit dat telers oor die jare heen deur karakter geboei is, het die Afrikanerbees as ras deur ingewikkelde krisisse gedra.

Wat is die hoofeienskappe van die ideale aanteelkoei? Noem die belangrikste kenmerke in volgorde van belangrikheid by die Afrikanerbul... Oor vrae soos hierdie het die nuwe geslag beeskundiges doktorsverhandelinge gelewer. Op sulke vrae sou die ou Grote van Rietfontein aan die geleerdes die skynbaar naïefste antwoorde gee. As jy 'n koei uitsoek, moet jy een uitsoek met breë ribbes, sy moet al meer as een bulkalf gehad het, en haar kalwers moet geil uitgegroei het. Al is 'n bul hoe vet of maer, jy moet sy skilpadbiltong – die ronde biltonkie hoog aan die buitekant van sy lies – kan sien. Dit was frustrerend om te dink dat die land se Afrikanerbeeskuddekampioene op sulke vaaghede gebou is! Daar was gedurig geleerde besoekers op Rietfontein. Hulle het hom gekruisvra, hulle het hom bespioeneer en gelokval op soek na 'n meestersformule, hulle het sy beeste gefynkam na die sleutelbul en die oopsluitkombinasie.

Hy het ongestoord sy gang gegaan. Hy het sy beeste geteel met 'n effense hangkruis, 'n stygende kamlyn, met 'n relatief klein skof, 'n baie diep ribsprong en 'n kop wat in die idioom van die moderne Afrikanerbees lelik is, deurdat hy 'n buitengewoon prominente bek- en neusgedeelte en 'n platter neuswortel verkies het. Die poot en been was uitermate sterk. Al hierdie dinge het die bees gemaklik laat loop om sy kos te soek, hom nieselektief laat vreet, al was die term "ekonomiese verbruiker" nog glad nie gangbaar nie.

Die stoetkoeie van Rietfontein is gemelk en elke kalf is op die werf grootgemaak, aanvanklik vasgemaak onder twee ou *beefwood*-bome, en daar het oom Joseph op sy veldstoeltjie die dae by hulle deurgebring. Daar word vertel dat hy 'n potlood kon neem en elke kalf op die werf kon teken en hom kon teken soos hy oor twee jaar en oor vier jaar en oor ses jaar sou lyk. Jy moet jou beeste heeldag en aldag ken, anders ken jy hulle nooit nie, het hy gesê. Hy het hulle soos mense geken, elkeen met sy eienaardighede van bou en sy moontlikhede, maar elkeen ook met sy eienaardige persoonlikheid. Die temperament van 'n bees was vir hom belangrik, en dit is 'n algemeen aanvaarde feit dat die ou Du Plessis-beeste baie mak en geskik was. Beduiweldheid is net soos onwenslike bouvorm uit sy kuddes geweer. As daar 'n meesterplan in sy teling was, dan was dit waarskynlik die hiperfyn insig wat 'n allesomvattende liefde hom gegee het.

Die skilderagtige name wat hy sy beeste gegee het, is deur

ander oorgeneem. Koeie met wit vlekke het hy graag blomname gegee, soos Malva, Blommetjie, Roos, Angelier. Ligrooi, byna geel koeie het name soos Nartjie, Lemoen, Pampelmoes gekry. Granaat was 'n donkerrooie, Tarentaal en Fisant was rooi skilderkoeie. Weglêer, Donkermuis, Ligmuis ... hoe sku en wildsbokfyn was hulle seker. En hoe lief was hy vir Kleinnooi, Ounooi, Mooinooi, Makkie. Hy het van geografiese en riviername vir sy bulle gehou: Zandrivier, Rietvlei, Smaldeel. Bakker en Kanon, Makman, Jop was die name van 'n paar beroemde bulle.

Daar word vertel dat dr. Van den Heever en dr. Havenga van Bloemfontein op 'n keer daar op besoek was. Oom Joseph was toe reeds bedlêend aan wat later gediagnoseer is as maagkanker en waaraan hy ook dood is. Hulle wou graag beeste koop en oom Joseph het hulle saam met sy seun Koos veld toe gestuur. Toe hulle terug is, kom Koos die kamer binne: "Hulle sê hulle wil Roos koop, Pa. Hulle sê Pa kan enige prys maak, hulle sal dit gee."

As 'n mens baie siek is en dokters besoek jou en wil daarna jou beste koei koop, dan bring dit seker baie dinge by jou tuis. Oom Joseph was gevoelig vir strominge om hom: "Hulle hoef nie te kom groet nie. Sê vir hulle my Lenie leen ek nie uit nie en my Roos pluk ek nie."

Nog 'n interessante naamgewing was die volgende: Op 'n dag kom Fanie Fouché, erekeurder en vader van die latere Staatspresident, om beeste op Rietfontein vir die stamboek te keur. 'n Mens kan jou voorstel dat so iets in daardie beginjare op Rietfontein op die allervaagste, informeelste en vriendskaplikste manier gedoen is. Toe hulle die middag ingaan huis toe om te eet, vind oom Fanie Fouché nietemin dat hulle nie in die eetkamer eet soos die gebruik was nie, maar wel in die sitkamer. Hy vra uit daaroor.

"Ander dae is jy my vriend, Fanie," oom Joseph kyk veelseggend af op sy baard, "maar vandag is jy my inspekteur. Ons eet deftig." Aan 'n kalfie wat op daardie dag gebore is, gee oom Joseph toe die naam Motorkar na aanleiding van die nuwerwetse gevaarte waarmee Fanie Fouché daar opgedaag het.

Ja, baie mense het na Rietfontein gekom. Hulle het wel nooit agtergekom presies hoe sy teling werk nie, maar almal was gehipnotiseer deur die mens Joseph du Plessis. Sy sêgoed en kwinkslae het oor die land versprei, daar is bygelas en versier daaraan, en as elkeen wat in later jare beweer het dat oom Joseph hom 'n bulkalf present gegee het, die waarheid gepraat het, kon daar sewe Rietfontein-kuddes uit al die kalwers opgebou gewees het.

Hy was 'n mens met 'n ruim en opgewekte geaardheid. As hy met jou gesels, het hy by jou kom sit, elke gesprekswending met 'n hartlike klap op jou bobeen of 'n draaiknyp in jou binneboud beklemtoon. Hy was 'n groot man met tamaai groot hande. Vir sy eie mense was dit altyd 'n heimlike plesier om te sien hoe besoekers hierdie tekens van sy hartlikheid eers hoog waardeer, stadigaan stiller word daaronder, later die pyn kwalik verberg en dan naderhand ongemerk en eina-eina opstaan om verder weg sitplek te gaan soek.

Hy was op 'n keer in die Bloemfonteinse hospitaal vir 'n breukoperasie. Die aand voor die operasie kom 'n jong verpleegstertjie sy kamer in met 'n skinkbord gereedskap.

"En nou?" wou die oom weet.

"Ek kom om Oom te skeer."

Oom Joseph se antwoord was: "Nee, niggie, die oom skeer nooit sy baard nie."

Dit blyk toe dat dit nie was wat sy wou skeer nie, maar skokkend vir hom, die hare naaste aan die plek waar die operasie gedoen gaan word.

"Wie het jou gestuur?" vra hy.

"Die matrone, Oom."

"Nou, sê jy vir die matrone ék sê jy is nog heeltemal te jonk om my kaart en transport te sien." En die oom het baie beslis die lakens tot teen sy ken opgetrek.

Wyle dr. Daantjie van den Heever het juis tydens hierdie siekte een van oom Joseph se groot vriende geword. Op 'n oggend, so word vertel, was dr. Van den Heever net omgekrap. Hy kla by die matrone dat hy nie 'n enkele suster kan kry om met hom die rondtes te doen nie. Ek sal jou gaan wys waar hulle is, sê sy en neem hom 'n gang af. Van ver af hoor hy al die vrolikheid: In oom Joseph se kamer staan hulle almal. Dr. Van den Heever maak sy stem dik oor die ongerymdheid.

"Maar Daantjie," sê die oubaas, "ek het hulle nie geroep nie. Vra hulle! Maar het jy nog nooit gesien as 'n Afrikanerbul in die vlei loop hoe die wit bosluisvoëls om hom saamdrom om die bosluise af te pluk nie?"

Oom Joseph het elke jaar met sy gesin met 'n wa en osse en sy skoubeeste na Bloemfontein in die pad geval. As die wa Maitlandstraat afgaan, kom al wat buite staan nader, daar word gegroet en voorgestel. Wie lus het, klim saam op die wa, en wanneer hulle die skouterrein binnegaan, is die wa so belaai dat die osse hom skaars kan trek. Daar word kamp opgestaan, vleis gebraai en ankertjies wyn oopgemaak. Oom Joseph het in sy jong dae self beeste beoordeel. Die beoordeling het nie so lank geduur nie, want sy keuses uit 'n groep beeste kon hy onmiddellik doen, maar die besprekings en vrae het oor dae gestrek, en die kennis wat hy so oorgedra het, is soos mannakorrels deur jong telers opgepik. Die staaltjies wat hieruit gespruit het, leef vandag nog onder die boere.

So het oom Sors Theron op 'n dag op die skou met mnr. Barry Gradwell (toe die voorsitter van die Afrikanerbeestelersgenootskap) en twee mans by oom Joseph se seun Hendrik aangekom. "Hendrik, hier is moeilikheid," sê oom Sors. "Hierdie twee Engelse is kwaad oor gister se beoordeling. Die vers met die wit plek aan die lies het die prys gekry en die rooie nie. Hulle wil weet hoekom."

Oom Joseph het hom nooit die moeite getroos om Engels aan te leer nie, en daar volg toe 'n indrukwekkende tafereel: Mnr. Gradwell moet tolk; die betrokke verse en die twee Engelse word nadergeroep, en natuurlik drom talle nuuskieriges saam met die hoop om 'n gratis lesing oor Afrikanerbeesbeoordeling te hoor.

As hulle Afrikaners was of as hulle ten minste die indruk gewek het dat hulle iets van beeste af weet, sou oom Joseph waarskynlik die moeite gedoen het om sy beoordeling te verduidelik. Soos dit was, het hy hulle nie eens regstreeks aangespreek nie.

"Sorsie, sê Gradwell moet hulle vra of hulle al twee Engelse is?"

Dit word gedoen en die antwoord kom: al twee Engelse, albei in Engeland gebore.

"Sê hy moet vir hulle vra hoekom een van hulle dan sproete het en die ander nie?" En daarmee draai hy met oom Sors aan die arm weg.

Daar is mense wat beweer dat hierdie onderhoud plaasgevind het tussen oom Joseph en die Prins van Wallis wat in die laat twintigerjare op sy Suid-Afrikaanse reis ook Theunissen aangedoen het. Daar is dié dag op die stasie 'n portret van die twee saam afgeneem en daar word beweer dat oom Joseph ruim net soveel aftrek geniet het as die Prins.

Frans Schutte wat van 1921 tot 1927 hoof was van die tweemanskool Vashou naby Rietfontein, was 'n gereelde gas by die Du Plessis's aan huis. Hy vertel: Saterdagoggende, wanneer hy daar aankom, sit oom Joseph somers onder die *beefwood*-boom en winters in die sonnetjie. Dikwels het oom Joseph dan vir hom die soldersleutel gegee met die volgende versoek: "Meestertjie, gaan kyk tog of die rol al die Witperd opgesuig het. Draai hom bokant ondertoe, jy weet mos hoe." Dan het meester met 'n kennershand na die oom se pruimtwak gaan omsien.

Oom Joseph het sy rolle pruimtabak uit die Kolonie, waarskynlik Oudtshoorn, bestel. Hy het 'n glasbak gehad waarin so 'n rol net gepas het. Dan gooi hy 'n bottel whisky oor die tabak en die bak word op solder gebêre tot die rol tabak die whisky heeltemal opgesuig het. Dan eers was dit vir oom Joseph beleë. Dié geurige lekkerny het hy soos wildsbiltong by hom gehou en klein kerfies wat net in die kies pas, met sy knipmes afgesny.

Ja, dit was whisky en dit was "Witperd" waarin hy geglo het, en die bottel het soos 'n eerbare medisynebottel smiddae op tafel gestaan. Die hoeveelheid drank wat hy gebruik het, sou dalk meer as matig gewees het, maar op sy taai gestel het dit geen uitwerking gehad nie.

In die twintigerjare het die idee om landbougrond met kunsmis te verryk, pas van oorsee af ingewaai. So moes oom Joseph op 'n keer teen sy sin op 'n tentoonstelling na 'n Engelsman se begeesterde lesing oor kunsmis luister. Hy was in die eerste plaas as veeboer nie in kunsmis geïnteresseerd nie en in die tweede plaas het hy hom versondig oor die man se hoë, reg-op boordjie wat eweneens pas van oorsee af hier mode geword het. Toe dit vraetyd is, steek oom Joseph sy hand op. Die spreker is vooraf daarop attent gemaak dat die vermaarde oom Joseph onder die toehoorders is. Met groot gebaar laat hy oom Joseph opstaan om sy vraag te stel.

"Vra hom," sê oom Joseph aan die voorsitter, "of sy hemp onder in die kunsmis hang dat dit so geil bo by sy boordjie uitgroei!"

As daar iemand by hom op die plaas aankom, sal hy hom gasvry nadernooi. "Het jy al geëet, neef?"

"Ja, dankie, Oom, ek het."

Daarop was oom Joseph se onfeilbare wederwoord: "Ja, ek weet jy het geëet, maar dit was seker gistraand." En dan roep hy binnetoe.

Die hoof van Hoopstad se skool, mnr. Koos van Zyl, het op 'n dag met 'n boek en potlood daar opgedaag: "Vandag wil ek alles opskryf wat Oom sê."

"Maar Koos," was die antwoord, "hoe nou? Mens skiet mos nie na 'n patrys as hy sit nie!"

Chris Claassens, ouddirekteur van Landbou vir die Oos-Kaapstreek, onthou hierdie mooi uitdrukking van oom Joseph: Eendag, soos gebruiklik was, het oom Joseph en 'n buurman, toe hulle op pad dorp toe is en by mekaar verbykom, stilgehou om die perde te laat blaas. Nadat daar oor en weer na welstand verneem is, sê oom Joseph dat hy die môre maar ingespan het om weg te kom, want "die tante is moeilik – soos 'n geel Afrikanervers wat in 'n vlak pannetjie gekalwe het; sy wil alles skoonmaak wat naby kom." Skoonmaak is die boere-uitdrukking vir 'n ontstelde Afrikanerbees wat met die horings gaffel na al wat binne bereik kom.

Oom Joseph het nie veel belang in die politiek gestel nie, net maar 'n hekel in uitlandse modes en gewoontes gehad. Tog het hy op 'n keer voor die samesmelting vir genl. Hertzog die volgende boodskap met mnr. Havenga se privaat sekretaris, mnr. Okkie Bekker, gestuur: "Sê vir die generaal ek dink hy laat te veel bulletjies loop. Hulle gaan stof in sy oë skop."

Sy uitdrukking om die opgetakelde artikel van die produk van kwaliteit te onderskei, kan kwalik oortref word: "Smeer mis aan wilgerhout en jy het ook stinkhout."

Van 'n boer wat met meer as een soort bees op dieselfde plaas boer, het hy gesê: "Hy hou 'n kêffie aan."

Met verloop van tyd het jonger telers, soos dit ook gesond is, die inisiatief oorgeneem, en die Du Plessis-roem was nie meer onbetwis nie. Die werksaamhede van die Afrikanerbeestelersvereniging het uitgebrei en sy verantwoordelikhede het groter en ingewikkelder geword. Dit het noodsaaklik geword om die standaarde wat jare lank net op skrif was, na die letter te begin toepas. Telers moes van die afstammelinge van geregistreerde diere boekhou, kalfgeboortes moes binne 'n vasgestelde tyd gerapporteer word om vervalsings en verkeerde aansprake te verhoed. Jong geesdriftige mense, soos Jim Fouché, Tickey Reynecke, wat destyds prinsipaal van Glen was en heelwat geskrifte oor die Afrikanerbees die lig laat sien en ook in die bestuur gedien het, en prof. A.M. Bosman het hulle bes gedoen om die vereniging se sake op wetenskaplike grondslag geplaas te kry. Hulle het hulself behoorlik ongewild gemaak by ou telers en keer op keer het hulle idealistiese planne teen rotse soos dié op Rietfontein gestrand.

"Moenie papiere wil maak om julle verkeerde dinge reg te maak nie," het oom Joseph gesê. Ná hy in 1926 op 'n ledevergadering moes luister na die jong Jim Fouché se uiteensetting van hoe om die standaard van volmaaktheid wetenskapliker toegepas te kry, het hy opgestaan en gesê: "Mannetjie, jy gaan oor kleinighede tekere. Jy gaan jou potlood skerp maak tot daar op die ou end niks potlood oor is nie."

My pa het toe as jong man in die Afrikanerbeestelersvereniging se bestuur gedien en altyd vir oom Joseph in die bresse getree, altyd by Tickey Reynecke, met wie hy goed bevriend was, om toegewings vir die ou man gepleit. Soos in alle stamboeke kom daar 'n tyd waarop die stamboek gesluit verklaar word, daar nie nuwe registrasies aangeneem word nie en net die afstammelinge van reeds geregistreerde beeste vir registrasie in aanmerking kan kom. Die Afrikanerbeestelersgenootskap het van 1924 af hierdie stamboek gesluit probeer kry; daar is gedreig en gesoebat by telers om hulle kuddes finaal te laat inspekteer, dinge nou eenmaal op datum te kry. In 1932 is daar darem besluit dat as kalfgeboortes nie binne sestig dae aangemeld word nie, sulke kalwers die reg op registrasie sou verbeur. Maar op aandrang van my pa is duidelik genotuleer dat die reëling net van toepassing is op telers jonger as vyf-en-sestig jaar! Dit was eers in 1938, ná die dood van oom Joseph, dat die Afrikanerbeesstamboek finaal kon sluit.

In 1971, drie-en-veertig jaar ná sy dood, kon die vereniging nie anders nie as om sy stamboek weer eens oop te maak en 'n hulpstamboek oop te stel om die skilder- en geel beeste uit hierdie oerbron, wat al die jare deur telers ongeregistreer gelaat is maar om sy fantastiese rassuiwerheid bewaar is, op te neem!

Ek het oom Joseph du Plessis net een keer gesien. My pa het my tog op 'n dag saamgeneem toe hy van Winburg af daar gaan besoek aflê. Ek kon so vyf jaar oud gewees het.

Toe ons afklim, het ek oudergewoonte nie saam met my pa binnetoe gegaan nie, maar die huis om op soek na katte. Ek maak nog vriende met 'n groot geelbont kat, toe my pa by my kom.

"Kom saam," sê hy, "ek wil hê jy moet oom Joseph kom groet." En ek onthou nog goed, hy kam met sy vingers so 'n paar slae deur my hare om dit netjieser te kry en hy poets die stof van my rok af. Hy neem my hand en gaan om na die voordeur. Dit was 'n geplaveide stoep sonder veranda en toe ons die groot voordeur oopstoot, snak ek na asem. Die gekapte klipmure van die buitekant was nie afgepleister nie, dit is net so gelaat, en vorm 'n lang gang van ruwe klip, asof jy op die een of ander manier nog buite is. Daardie wonderlike gevoel van nie te wees waar almal dink jy behoort te wees nie, het ek nooit vergeet nie en toe ek en my man jare later ons eie huis bou, het ons ons voorhuis net so laat bou.

Daardie dag stap ons die gang af na 'n eetkamer waarin 'n hele paar grootmense was wat ek nie hoër as hulle naeltjies bekyk het nie. Toe staan ons voor 'n wakis waarop die oom sit, reeds hoogbejaard, met sy groot hand op die skewe knop van 'n dik taaiboskierie.

My stomme pa was duidelik daarop uit om indruk te maak: "Oom Joseph, dit is nou Dottie. Dit is sy wat my altyd die beeste help uitkeer en wat saans vir die ou koeie die pampoenstukkies voer." Daardie jare was gekerfde pampoen bekende wintervoer vir beeste.

Die oom vat my hand en toe sê hy iets wat die ander mense in die vertrek laat uitbars van die lag. Ek hoor dat my pa nie saamlag nie en haastig buig hy af na my: "Gaan speel nou maar weer," sê hy en ek draai baie vinnig om en loop alleen die mooi gang af na buite. Klein soos wat ek was, kon ek voel dat die onderhoud op een of ander manier nie aan my pa se verwagtings voldoen het nie.

Wat die oom gesê het, was: "Nou ja, my kind, eet jy self maar liewer die pampoen; Oom dink jy het dit baie nodiger as die koeie," en ek het nie die vaagste benul gehad hoekom hy dit sê en hoekom die ander lag nie.

Jare later eers het ek besef watse indruk ek as vyfjarige op vreemdes moes gemaak het: 'n bruinverbrande, koponderstebo-, brandmaer kleintjie met blou tarentaalbeentjies en 'n windverwaaide bosgasie – inderdaad 'n ou sondaartjie wat hope voedsame pampoen gekort het.

Die laaste twee jaar van sy lewe was oom Joseph bedlêend, en in dié tyd is daar volop getuienis dat die oom, soos die ou mense dit stel, 'n heldersiendheid oor hom gehad het. Dit het sy plaas en sy diere gegeld. Hy het sy seuns male sonder tal veld toe gestuur om te gaan soek na 'n kalf wat in 'n erdvarkgat vassit, 'n bees wat oor die draad gespring het. Hy sou die betrokke dier en die plek presies beskryf. Sy seun Koos het toe reeds die hele boerdery bestuur.

Nou vertel sy dogter van die keer toe oom Joseph sy kleinseun, wat in die omgang Klein Joseph of spelenderwys ou Broodpote genoem is, gestuur het om 'n sekere paar koeie vir sy oom Hendrik te gaan uitkeer. Hierdie koeie moes hy dan in die Plaatkamp jaag. Dit is gedoen.

Die agtermiddag laat oom Joseph sy kleinseun roep: "Daar is fout. Ek hoor Vetrivier hier by die werfhek bulk. Sy moet mos in die Plaatkamp wees."

Klein Joseph was gesteurd: "Dit kan nie Vetrivier wees wat bulk nie. Wie sê dis Vetrivier wat bulk?" Sal hy nou Vetrivier nie by die ander gejaag het nie? Sou sy oupa dink hy wil sy eie oom verneuk of wat?

"Dit is Vetrivier wat bulk, ek sê so. Watter moeder ken nie haar kind se bulk nie? Ek sê nie jy het haar nie uitgeja nie," sê die oom met rustige sekerheid, "maar wat ek weet, is dat jy vanmôre te haastig was om die hek behoorlik toe te maak."

Hy het mense wat vir hom kom kuier, reeds sien kom wanneer hulle die plaashek, ver van die huis af, binnekom en die huismense aangesê om gereed te maak.

Hy het alles vir sy eie begrafnis gereël en minute voor sy dood in 'n vaste stem sy laaste opdragte aan sy vrou en kinders om sy bed gegee. Dit was geen sentimentele opdragte nie!

"Onthou," het hy vir een egpaar gesê, "die pad na die hemel loop nie deur die bioskoop nie."

"Hou nou op om alles te koop wat jou oë sien."

"By die poot van hierdie bed moet jy 'n ysterpaal inslaan. Dit is hier wat die Here my gebede vir jou verhoor het."

Die geld in die trommeltjie was sy vrou s'n. Sy had 'n manier om kleingeld oral in die huis rond neer te sit. Oom Joseph het dit getrou weggesluit in 'n trommeltjie, en dit was tot haar verbasing toe so swaar dat dit byna nie opgetel kon word nie.

Sy grafsteen in die Theunissense begraafplaas word nou nog deur besoekers opgesoek. Dit is van rooi marmer en die beeld van 'n Afrikanerbees is in die marmer ingelê, 'n imponerende gedenkwaardigheid wat, so glo ek, dalk nie in die vereerde se smaak sou geval het nie.

Ná sy dood moes die stoetbeeste volgens boeretradisie verdeel word tussen sy twee seuns: Koos, wat by hom op die plaas gebly het, en Hendrik, wat in die Hoopstadse distrik op die plaas Nooitgedacht geboer het. Dit is so regverdig moontlik gedoen, maar ek weet dat oom Koos my pa in die saak geraadpleeg het en dat my pa vir hom gesê het: "Koos, bly by die ligrooi en die witpens. Hulle is in elk geval reg." Dit is in daardie stadium deur min mense besef. My pa het altyd geglo dat oom Koos op daardie manier vir homself die hart uit die kudde gehaal het. Ongelukkig het oom Koos sy pa nie lank oorleef nie, en die stoet het na die tweede Joseph gegaan. Hy was jonk, te jonk vir die verantwoordelikheid, en by sy dood was daar van die oorspronklike Rietfonteinse kudde net dié deel oor wat na die seun Hendrik gegaan het en dié wat die Theunissens gelukkig genoeg was om later aangekoop te kry – albei stoete wat in die hedendaagse kwaai kompetisie nog goed van hulleself rekenskap gee.

My pa het egter sy betrokkenheid by die Rietfontein-deel van die stoet tot aan die einde daarvan behou. Dit was sy ongelukkige lot om vir die destydse sen. Conroy op bevel van Klein Joseph self vyftig van die beste koeie te gaan uitsoek. Conroy het dit teen 'n baie hoë prys by die eienaar te koop gekry. My pa was dwalend oor hierdie ongelukkige transaksie. Hy het besef dat Klein Joseph aan die einde van die pad gekom het en dat hy eindelik alles sou verloor. Wie nou vyftig van die beste daar uithaal, sou eintlik die enigste wees wat 'n kern het en die stoet dus vir die land kan uitbou. Sen. Conroy het dit ook só aan hom gestel. Maar Klein Joseph was nog altyd die kleinseun van die man wat hy soos 'n vader liefgehad het en die seun van Koos, wat sy vriend was. My ma het vir hom gesê: "Hoekom koop jy die diere nie self nie?"

"Ek sal nooit nou daar iets koop nie. As ek nou op Rietfontein koop, koop ek nie, ek roof."

My pa is op dié bepaalde dag somber weg en het somberder teruggekom. Die koop was deur. Ek het hom aan my ma hoor sê: "Ek wens ek kon hulle liewer met my eie hand doodskiet voor ek hulle moes aanwys. En ek sal sy gesig nooit vergeet nie, hy het al twee my hande vasgehou en net gesê: 'Oom Kootjie, oom Kootjie, ek vertrou jou.' Met sy oupa se oë. Ek het party laat gaan, ek het party laat agterbly: vir die volgende koper. Daar sal nie op wat bly, of op wat gaan, 'n seën rus nie. Rietfontein is verby."

Die ryke dwaas

Die hedendaagse boer is nie 'n oom wat vreedsaam op sy stoep sit en pyp rook en jou van die Rebellie vertel nie. Hy skeur nie meer die bewyse van die geld wat jy hom skuld voor jou oë op nie en sy vrou is nie meer 'n goedige tante wat haar seun by die stasie met slopies droë beskuit en biltong kom groet nie.

Die boer van vandag woon dikwels glad nie meer op die plaas nie, hy doen net sy sake daar. Hy klim soggens self in Johannesburg af as sy lammers geslag word, gaan soek sy stoetbul in Switserland uit en ry bees toe met 'n ligte vliegtuig – in Botswana. Sy vrou gee lesings voor stadsgehore oor Skandinawiese naaldwerk. Hulle laat hul hare na die nuutste mode kap en ry die duurste motors, want dit is vir hulle belangrik om boere te wees en dit nie te lyk nie. Die man wat vandag 'n boer is en dit lyk, het dadelik probleme waarvan sy pyprokende oupa nooit sou droom nie.

Maar in ons kontrei is ons gereeld 'n bietjie agter met alles en hier kry 'n mens waarlik nog boere wat op die stoep sit en pyp rook en hulle baard vir die Nasionale Party se kongres laat groei. Gevolglik staan die boerderyprobleme by ons kniediep in die blom. Die grondbewaring, die Departement, die jakkalsjagter, die sensusopnemer, die oliekompenie, die windpompman – almal het probleme met ons boere. Hulle kry niks uit ons nie, sê hulle, en 'n ernstiger klagte kan nouliks teen 'n boer ingebring word.

Die voorligtingsbeampte is die man wat ten nouste by hierdie probleme betrek is. Die voorligtingsbeampte is die ouderling van die Departement van Landbou en hy moet die boer op die pad van boerderysaligheid voorgaan en gereeld van die geestelike en praktiese vordering aan sy Departement verslag doen. Daar word verder beslis van hom verwag om iets in te kry. Daarom is die voorligtingsbeampte van ons streek gewoonlik 'n ontnugterde mens en as hy nog 'n nuwe voorligter is, het hy, soos oom Koot dit stel, "'n propperse lyding".

"Kyk," sê oom Koot verder, "'n nuwe voorligtingsbeampte is soos 'n jong bruid. Eers as hy sy beperkings leer aanvaar het, word hy regtig bruikbaar. Hy moet besef dat ons nie toevallig agter met alles is nie, ons is agter uit oortuiging."

Hoe ook al, uit oortuiging of nie, ons bly agter met alles. Stel ons 'n studiekring aan om die bewerking van grondboontjies te bestudeer, val die prys daarvan. Voer ons beeste, styg die verkoopprys van varke, begin ons met varke, styg die prys van voer, plant ons voer, reent dit en het ons dit nie meer nodig nie. Nes ons uitgevind het wat ons moet doen, moet ons dit lankal nie meer doen nie.

Op 'n dag kry ons toe weer 'n nuwe voorligtingsbeampte: baie besiel, baie beslis en met 'n pamflet oor alles onder die son. Sal hierdie distrik se boere nou opskud met hulle grondbewaring, sal hulle nou asseblief water bewaar en wisselbewei en wet gehoorsaam, sê hy. Wil hulle hê die litjieskaktus en die jakkals en die stamboorder moet die platteland ontvolk? Die opbrengs per morg in Europa styg en styg nog altyd en die mieleprys in Amerika val en val nog altyd en wat gaan ons daaromtrent doen? *Quo vadis*? Afrikaner, gaan red jou bodem, kêrel.

Die mans van ons omgewing raak nie bietjie geïnspireerd nie. Hulle ontwurm, ontklos, ontluis en onthoring. Hulle sleep ou ysters weg, verf naamborde en stel mosies van wantroue op Partyvergaderings voor. Die hoop brand hoog dat die Liewe Heer hierdie kinderlike gewilligheide met reent sal beloon.

Die enigste man in ons kontrei wat nie met die nuwe voorligtingsbeampte wil saamwerk nie, is Jan Oelofse. Jan sit op sy klein lappie grond soos 'n bloubosluis in 'n laatkalf se oor en hy wil nie sy lande kontoer nie, hy wil nie boor vir water nie, hy is so teen die nuwe kampstelsels dat hy nie eens vir sy vrou 'n hoenderkampie wil span nie. Hy haak sy mielietjies in met 'n ou Olivier-trekker en 'n Dutchman Chief-ploeg, hy skoffel sy mielies met twee mofosse en maak dit af met 'n handmasjientjie. Sy melkkoeie wei in die grootpad, hy stel strikke vir sy bure se springbokke en stook skelm witblits vir die swartes. Hy is kwaaivriende met die ouderling en gee nie sy dankoffer nie en hy ja die Party se kollekteerder soos 'n hond van sy werf af weg.

"Ek sê nie maklik 'n man is 'n swak buurman nie," het my pa altyd van hom gesê, "maar ek sal sonder teëspraak sê Jan Oelofse is 'n swak buurman."

Ons Boerevereniging laat dit toe nie daar nie, want waarna lyk dit nou: Jou persentasies en opgawes en subsidies kry alles 'n knou met 'n klad soos Jan daar tussenin. Hulle stuur briewe en sirkulêres uit, praat mooi en dreig, maar Jan steur hom aan niks daarvan nie. Buite raad daag hulle hom amptelik om voor die Boerevereniging met regeringsamptenare in rade te verskyn.

En Jan kom toe die dag, maer en seningrig in 'n grys en wit gestreepte pak klere, wit boordjiehemp en studs en swart nikneusskoene. Sy ligte voshare staan orent van moerigheid, sy lippe is afgedop van die son en sy groen oë so giftig soos 'n geelslang s'n. Hy het na Klein Koot, die voorsitter, se lang lys beskuldigings geluister, toe opgestaan, sy voorvinger onder Koot se neus ingewyster en gesê: "Ek gaan nie en ek sal nie en ek wil nie. Dis my grond en ek boer daarop soos ek wil en ek wil haa-ee-êl graag sien wat jy en jou gespuis daarmee te doen het," en by die deur uitgestap.

Hulle was diep geskok. Dis die klas man wat die boer se aansien in die land so laat daal. Hy is 'n regte ou betoger, sê hulle en Klein Koot beweer selfs dat sy houding op minagting van die hof neerkom en dat die vereniging nie sal rus voordat "stappe" teen Jan gedoen word nie.

Juis toe die stappe gedoen moet word, raak die kontrei egter oudergewoonte weer op 'n ander terrein agter. Ons kry die tyding van die voorligtingsbeampte dat weidings en kontoere alles goed en wel is, maar dat die boer se grootste probleem vandag die onekonomiese grondeenhede is, en wat het ons al daaraan probeer doen? Stel ons nog altyd testamente op om grond te onderverdeel tot dit so groot soos 'n posseël is, kapitaliseer ons nog steeds tot die grond per hektaar so duur soos in Eloffstraat is? Ons skrik, want aangesien meeste van ons nog nie eens weet wat 'n hektaar is nie, moet ons baie verder as gewoonlik agter geraak het. Ons stel 'n studiegroep aan om inligting oor hierdie listige vyand van ons bedryf in te samel en ons vergeet 'n bietjie van Jan.

Die studiegroep sit tot laat snags om grondgroottes en loonstate en landbanklenings te notuleer, te tabuleer en in sesvoud op te stuur. Toe alles by die hoofkantore gesorteer, geprogrammeer en gekarteer is, het die antwoord in sesvoud teruggekom dat daar 'n sekere meneer Jan Oelofse in ons omgewing is met geld in die bank. Op honderd-en-vyftig morg grond – en as ons weet hoeveel hektaar dit is, sal ons weet dat dit 'n onekonomiese grondeenheid is – voer hy 'n selfstandige bestaan sonder om lening of bystand of onderstand te ontvang. Dit bring mee dat daar 'n legger met 'n ander kode spesiaal vir ons kontrei opgestel moet word, en dit maak nou eers 'n gemors van ons persentasies en ons subsidies en nou is die Boerevereniging eers die josie in vir Jan.

Maar aangesien Jan Oelofse nou wetlik en amptelik die rykste man in ons kontrei is, sou ons ook nou self haa-ee-êl graag wil sien wat iemand anders met sy boerdery uit te waai het.

Vakbonde

Die eerste Saterdag in April versit ons kontrei se mense almal hier teen die middag oor na Finnie en Casper – of ou Jêm, soos ons hom van skooldae af noem – om hulle troudag te gedenk. Ons ry almal sommer nes ons is oor en niemand is ooit van plan om lank te bly nie, maar nou is Aprilmaand so 'n lekker geselsmaand. Met die mielieoes se beperkings is dan al op die knieë en voor die bankbestuurder afgemaak. Die kuilvoer is ingemaak en die wintergraan is aan die opkom. Die landbouskou met sy posisiesoekers en slegte beoordelaars en nog slegter verloorders is vrugbare geselsstof. By die vrouens is die teistering van nuwe onderwyseresse en voorstelklere daar. Die winterkuikens is bestel en die bees en vark vir die winterslag is aan die krip.

Sononder kom die jong klomp wat by Naas-hulle tennis gespeel het, ook oor en jy kan uitken watter dogters oor die onderdeur begin loer, watter seuns se hakskene begin rooi word. Ook wie se tuig haar hier op die stil plaas begin skawe. Dis nou sy wat kom lol hier by ons oueres se mans.

Buks, ons ouderling, stel die heildronk in en doen 'n kort gebed en as ons ons kom kry, laat Finnie die ysterpotte met die braaivleis en wors indra en die aand kry sy loop.

Ná ete speel Finnie vir ons op die klavier, die deuntjies van ons jong dae; Jim Muller, "Die ossewa", "In the mood", en so aan, en ons skoffel so 'n bietjie op die breë stoep. Die jonges kom inval en Piet, wat ten spyte van sy vyftig somers nog een van die aantreklikste mans van ons kontrei is, leer ons dogters die behoorlike wals en die bevatlike two-step.

Ons ander sit en gesels. Jêm skink so effens, net vir die najaarsluggie, weer die glasies vol. Nou nie boosaardig nie, want die opgeskote kinders is daar rond en Jêm se eie pa, oom Tol en sy skoonvader, oom Sarel, en tant Felie is ook daar en ons weet om die respekte nooit verlore te laat gaan nie. Ons bly ook weg van politiek en plaaspaaie deur ander se lande. 'n Mens het al vergeet hoe snaaks Tollie se grappe is en hoe oulik hy ons Engelse onderwyser van destyds kan napraat: "If I were you I'd throw myself out of the window and say hurrah, here goes nothing". Of: "You are the type of idiot that must be kept in a glass case in fear that your species will be lost ..." Vir sommige van ons is dit ál stukkies Engelse aanhalings wat ons uit ons skooljare bygebly het, ons wat maar almal hier skoolgegaan het, by dieselfde priële druiwe gesteel het en op dieselfde skoolpartytjies op dieselfde nooiens en kêrels verlief geraak het en by dieselfde onderwysers dinge op dieselfde manier geleer het; onderwysers wat as jong sterk mans hier aangekom het, hier skoolgehou het lank ná hulle kinds geword het, sonder dat iemand die verskil agtergekom het en later by die sipresse gebêre is. Ons is helaas ook nie meer almal hier nie. Ons kyk maar by Janneman en Ferdie en Doep se leegoogopstalle verby – grond verhuur, woon in die dorp, weet ook nie juis wat om daar te doen en wat om te laat nie.

Dis in hierdie stemming wat Dries ons op 'n aand van sy drie trekkers, Sefobu, die een wat hoes, Seruta en Sepinya (na aanleiding van sekere ander onsosiale eienskappe van hulle) vertel het. Baas op sy plaas? vra hy. Dink ons hy is baas op sy plaas! Kom net een Maandagoggend en kom loer in sy stoor waar Sefobu, Seruta en Sepinya met hulle waterige ogies en gefronste voorkoppe hom staan en inwag en ons sal anders praat.

"Ek moet Sefobu se rug vir hom 'n volle halfuur krap voor hy loop. Dan ruk ons die ander twee aan die brand met hom vooraan en dan gaan hulle met my lande toe en hulle sê vir my waar hulle wil ploeg. Sowaar, ek sweer vir jou, as die grond te veel stof maak, as die ploeg te diep gesteek is, as die wenakker te smal is ... vergeet dit, hulle werk nie daar nie.

"Hulle werk net vasgestelde ure, want hulle en die trekkerdrywer werk vir dieselfde vakunie, en ek sê vir jou hy is rooi, daardie vakunie, hy is so rooi soos die josie. Hulle breek net wanneer hulle wil, en veral as daar 'n bruilof of 'n mieliekwekerskongres in Bloemfontein is, en so 'n trekker soos Sepinya kan breek net waar hy lus het. Hy kan breek by die stuk katelpoot wat ek aan sy ratkas gesweis het, dit kan die onderbroekrepe wees waarmee ek sy batterydrade isoleer, dit kan die dadels wees waarmee ek sy tenk gesoldeer het of die bloudraad om sy vooras kan gebreek het of dit kan die duik in sy waaier wees waar ek hom met die skroefsleutel gemoker het toe hy so teen my betoog het een oggend.

"Nou goed, hy breek nou, en of ek onder die stort is, of bo-op die windpomp, ek gáán, want ek sê jou hierdie Sefobu voel dit vreeslik as jy hom te lank laat ly. As hy loop, ly hy, maar as hy staan, ly hy nog erger.

"Nou ja goed, ek kry die plek: 'n gebarste pypie, so groot soos 'n baba se nierpyp wat vasgedraai word met 'n skroefie wat jy met 'n naelvyl kan losdraai. Ek sê Meksim moet hom losdraai, want dis 'n fout om 'n werker soos Meksim net die skroewe te laat losdraai wat met 'n bobbejaanspenner losgedraai moet word. Hy verloor sy respekte heeltemal. Dan klim ek in my bakkie en ek lê op die lepel dorp toe. By die huis keer hulle my voor en gooi die kas eiers, die stukkende grassnyer, die aanskrywing van die petrolmaatskappy, die siek huishulp en die leë paraffienblik agterop en ons jaag.

"By die koöperasie sê hulle die onderdeel moet bestel word, en as hy kom, sal dit eers volgende week wees, en weet ek daardie pypie sit vas aan drie tandratte, twee koperpype en 'n hingsel en ek sal dit alles moet bykoop as ek die pypie wil hê en dis dan baie meer ekonomies en koop 'n hele nuwe trekker en hou die ander een vir ekstra onderdele, want afgesien van die pypie het hy nou al die onderdele wat aan 'n nuwe trekker kan breek. Ek steur my nie daaraan nie, want ons weet almal hulle werk ook vir Sefobu se vakbond.

"Nou gaan ek op na Barny se scrapjaart en Barny, wat eintlik my ou skoolmaat Steintjie Willemse is, help my deur sy ou trekkers soek en ons kry so 'n pypie, maar hy het ook 'n bars in, maar Steintjie sê dis darem 'n kleiner barsie en hy maak so 'n pypie net warm onder 'n blaasvlam en druk hom met 'n knyptang teenmekaar en die bietjie wat hy dan nog sal lek, is so min, jy sit net 'n blikkie onder hom met 'n stuk pleisterband vas en maak die blikkie by elke wenakkerdraai leeg, en hy kan my nou al sê, 'n bierblikkie werk die beste. Veral as jy vir die ou wat jou die pypie present gee, ook 'n blikkie, 'n vol een, present gee.

"Ek is baie verlig oor die goeie raad en ek jaag terug. Ek hoop maar net Sefobu hou van die soort bier wat ek gekoop het en ek is half jammer dat ek nie eerder daaraan gedink het om die blikkie vir hom vol bier aan te sit en by elke wenakker 'n paar slukke te neem nie. Ongelukkig het ek hom by die werfhek leeggedrink. Om die een of ander rede is die pypie se gaatjies nou nie meer regoor die gaatjies van die hingsel nie. Dit kan die warm maak van die pypie wees, dit kan my naelvyltjie se skuld wees en as ek dit nou self vasgedraai het, kon dit die bier gewees het.

"Nou moet ek weer teruggaan dorp toe om nuwe gaatjies te laat inboor, maar dit is ook nie die ergste skade nie, want ek het buitendien die huishulp by die dokter vergeet. En ek sê jou as ek by die dokter aankom, moet ek ses rand betaal en 'n aanskrywing kry van die magistraat oor ek nie my swartes by die werkversekering ingeskryf het nie en 'n opdrag om haar elke Maandagoggend tien voor nege terug te bring vir 'n inspuiting vier weke lank, want ek gee jou drie raaie vir watter vakbond werk die dokter.

"En as ek by die huis kom, het ek die paraffien vergeet, en dan is die kuikens se verwarmer en die yskas dood en ek kry nie kos daardie middag nie en ek moet die gras met die skaapskêr sny, want ek gee jou drie raaie vir wie se vakbond werk die vrou waarmee ek getroud is."

Miskien is dit nie 'n baie snaakse storie nie en dit is ongetwyfeld nie waar nie, maar ons lag ons byna stukkend daaroor, want die man wat dit vertel, is Dries, ons jong buurman wat 'n paar jaar gelede in die stroper geval en afgryslik vermink en verlam anderkant uitgekom het. Hy sit in 'n rystoel. As een van die mans haastig iewers moet heen, kom laai hulle hom op om die dae vir hom te probeer korter maak. Só het Dries leer stories vertel. Op 'n aand soos vanaand, met die wyn van die najaar in die lug, die jong klanke van die klavier in die agtergrond, lag ons nou eers hard vir elke storie wat hy vertel.

Maar ons weet dat Dries weet aan watter vakbond ons behoort wanneer ons so lekker lag.

'n Boerebruilof

Abraham Christoffel Naudé Preller was daardie koue wintermôre van 27 Junie 1899 in sy skik, dink ek, toe sy dogter Lizzie – een van die mooiste meisies van die Onder-Vals – met Jannie Geldenhuys getroud is.

Rondom die witgekalkte steenkerkie van die klein dorpie Bothaville het die gesienes van die Noordwes-Vrystaat gestaan. Die mans het netjies geparste snyerspakke aangehad, met swaar horlosiekettings in die geborduurde onderbaadjiesakke; die baarde was getop, die kuiwe met springbokvet en lourierwater reggedruk. Die vroue, in groepies, het hulle sambreeltjies oop oor hulle skouers teen die koue suidewindjie gehou. Hulle gewaterde tafsy- en fluweeltabberds, gegeer en vol opnaaisels en plooie, het die onmiskenbare kanferhoutgeur van vernaamheid gedra. Verder weg kapkarre, spaaiders, koetse en landauers bankvas teen mekaar, blink opgevryf, die koetsiers plegtig voor die perde. Om die kerkplein was alle winkels, die polisiestasie, die poskantoor en die smidswinkel toe. Selfs die skool het vroeg gesluit sodat meneer Bosman, die onderwyser, en sy vrou Daisy ook die bruilof kon bywoon.

Oom Japie van Rensburg, die geestelike leier van die omgewing was daar, Herman Claassens van Graspan, Hendrik Lourens van Verlaatspruit, Dolf van Wyk – nasaat van Lang Piet van Wyk, eerste intrekker in daardie dele en een van die eerste eienaars van Gladdedrif, die plaas waarop Bothaville ses jaar voor die bruilof aangelê is – en bepaald ook Abraham Preller se twee vriende Karel Coetzee en Barend Greyling. Hulle was sy kollegas op die dorpsraad en het hom ses jaar tevore in die langgerekte onderhandelings met die Vrystaatse regering bygestaan om die plekkie as dorp verklaar te kry. Waarskynlik sou die vroue van Barend, Karel en Abraham daardie dag die goue borsspelde gedra het wat hulle mans vir hul van Bloemfontein saamgebring het toe hulle daar was met die Bothavillers se petisie.

Selfs die prokureurs Marinus en Cornelius Beukes van Kroonstad en Hartley van Klerksdorp, hooghartig in hulle swart manelpakke, stywe wegstaanboordjies en skoenveterkrawatte, sou daar gewees het, want hulle het die prokureurswerk behartig en waarskynlik die konkelwerk gedoen wat die deurslag gegee het in die onsmaaklike stryd tussen Preller en sy vriende wat die dorp by Gladdedrif wou hê, en Anthonie Goosen, Jan Richter en ander wat dit hoër op langs die Valsrivier wou gehad het. Kortom, al die belangrike mense in die omliggende distrikte en van Bothaville, of Botharnia, soos Preller die dorp eers genoem het, was daardie dag by die troue of het skriftelike verskoning by die Prellers gemaak.

Dit spreek boekdele vir 'n man soos Abraham Preller, wat 'n bietjie meer as tien jaar tevore sonder 'n duit op sy naam agter die toonbank by Coulsen se winkel op Kroonstad gewerk het.

Preller se vader, Carl Frederick Preller, het in troebel tye in Transvaal 'n bietjie te veel te sê gehad oor die Zuid-Afrikaansche Republiek se ondoeltreffende administrasie, en toe hy sy oë uitvee, is sy grond by Wonderboom naby Pretoria gekonfiskeer en moes hy as bankrot vlugteling na die Vrystaat uitwyk. Sy seun Abraham het as winkelklerk op Kroonstad gaan werk en in 1876 met Heletta Lephina Botha getrou, die dogter van Theuns Botha en Anna Dreyer, albei groot grondbesitters aan die Onder-Vals. Dit het van Abraham Preller 'n vermoënde, maar nog nie vanselfsprekend 'n gesiene man nie, gemaak. Die skale van 'n plattelandse omgewing weeg subtieler en stadiger as dit, maar in die loop van tyd het hy om ander redes na die ertsdraende laag van die gemeenskap uitgesak. Hy was vrederegter, een van die weiniges wat testamente kon opstel en boedels beredder, amptelike briewe kon skryf en sy woord in die hofsaal doen.

Abraham Preller was een van dié wat die voortou geneem het toe daar besluit is om iewers weswaarts aan die Valsrivier nog 'n dorp te stig as verbinding tussen Kroonstad en die pasgestigte delwersdorpe Kimberley en Klerksdorp. Vir hom was die aangewese plek sy vrou se erfporsie van haar vader Theuns Botha, die plaas Gladdedrif. Met 'n bietjie regskennis, 'n slenterslag en heelwat deursettingsvermoë het hy in 1893 die Vrystaatse regering voor die voldonge feit van die aanleg Botharnia gestel, klaar uitgemeet en van water voorsien: "Botha-", na sy skoonvader, "r-", na Hartley op Klerksdorp, en "-nia", na sy vrou Lephina, wat egter dood is voor sy enige van hierdie voorregte kon geniet.

Ten tyde van sy mooi dogter Lizzie se troue met Jannie Geldenhuys was hy reeds getroud met sy derde vrou, skaars ouer as Lizzie, was hy lid van die dorpsraad, lid van die kerkraad, veldkornet en daar pas voor die Anglo-Boereoorlog 'n man na wie daar geluister is.

Op hierdie troue sou Abraham se skoonvader, ryk Theuns Botha aan wie alles eens op 'n tyd hier behoort het, 'n belangrike figuur gewees het. Ten spyte van sy sestig jare het sy rooibruin hare nog geen grys gewys en sy gladde vel geen rimpels nie. Dalk het hy, soos op die portret wat van hom bewaar gebly het, sy deftige pak bruin alpakka met sykoordomboorsels om die moue en lapelle aangehad, sy spierwit rondekraaghemp, sy rooi sydas en sy skoene van egte Amerikaanse leer, sonder veters of gaatjies. Soos baie van daardie familie vandag nog doen, het hy waarskynlik druk aan die gesels gestaan, sy linkerhand in sy sy, sy regtervoorvinger gelig, sy kop skuins vooroor, die oë glurend onder die ruie wenkbroue. Bes moontlik was hy nie danig in sy skik met die skraal, taamlik behoeftige seun met wie sy kleindogter gaan trou het nie.

As daar iemand op die laaste tippie opgedaag het in sy ligte bokkiekar, of sjees soos dit daardie tyd vernaam genoem is, dan sou dit Wilhelm van der Lingen, die rysige, indrukwekkende predikant van Kroonstad gewees het, sy baard vierkantig op sy bors gesny, sy kuif agtertoe gestoot en sy groot gevoelvolle oë nog vol van die vuur van die rit.

Die perd wat sy kar getrek het, sou 'n bloedperd met die fynste gange wees, en Dominee sou jou presies kon sê hoe lank die rit van Kroonstad af hom gekos het. Dominee van der Lingen was 'n perdekenner en rasende liefhebber van spogperde en elegante nuwerwetse Engelse trektuie. Geestelike bearbeiding het hy graag op 'n grondslag van 'n perdegesels aangevoor. In die loop van 'n uur lange gesprek oor perde was die lidmaat se sieletoestand op standaard gebring, sy kollekte ingevorder en sy twis met die bure besleg.

Dit sou seker Jan van Blommenstein gewees het wat die eerste opmerk dat die bruidskar wegtrek by sy klein rousteenhuisie waar sy vrou Lis die bruid aangetrek het. Jan van Blommenstein was die lewenslange vriend van Preller en die man wat die poskoetsdiens van Kroonstad na Bothaville behartig het. Sy vrou Lis was 'n moeder vir die kinders uit Preller se onderskeie huwelike en ook daardie dag, soos van alle deftige huwelike van die omgewing, "convenor" van die bruilof. Dit het haar heelwat status en die gesin 'n aansienlike inkomste besorg.

Die bruilofsgaste wag buite die kerk tot die voorste blou perde van ryk Jan Steyn se spogspan met gekleurde linte en volstuisvere aan die koppe by die kerkhek verskyn.

Jan Steyn, die eienaar van Lacemyn, 'n diamantmyn naby Bothaville, hou in sy streepmanel, ligbruin broek en wit handskoene self die leisels. Toe hy deur die kerkhek binneskuiwe, sny die dun bande van die swart landauer die fyn sand in 'n sproeireën teen die klippale vas.

Mooi lyk Lizzie Preller in haar wit Merveilleux-troutabberd aan die arm van haar vader toe sy onder die spel van die traporreltjie die paadjie na haar bruidegom afgestap kom – mooi in die sin van welgeskape, maar ook mooi omdat op daardie oomblik die erfenis van trotse voorgeslagte op haar jong gesig te sien was: die Prellers se grys oë, besonder hoë voorkop en neusbrug wat hoog verby die oë oopsny; die skraal, benerige senuweeagtige trekke van die Dreyers, die bloesende gelaatskleur van die Naudés; die fiere houding van die Bothas.

Ek het Lizzie Preller leer ken toe sy reeds in die negentig was, en van hierdie liggaamlike skoonheid was die kern toe nog duidelik te sien – nog was daar die helder oë, die trotsheid, die wakker gees. Sy was toe éérs 'n Boerearistokraat.

Die troudiens daardie dag is waargeneem deur ds. Dönges, die vader van die latere minister, en dit was ongetwyfeld lank, want dié leraar was onder die ou mense as 'n skrifverklaarder en beredeneerder bekend. Die preek kan hóé deeglik uitgewerk wees, maar Duintjies, soos hy genoem is, het maklik onder sy diens 'n redenasie teen sy eie aantekening begin wat die erediens tot ná die middagete uitrek. Nie dat iemand hom daarvoor verkwalik het nie. Die ou voorgeslagte was baie geduldiger met hulle geleerde mense as ons vandag.

Ná die diens van ds. Dönges vertrek die bruidstoet na die Prellers se spoghuis op hulle deel van Gladdedrif, wat hulle De Bank noem. As dit daardie dag gereën het, het dit niemand se geesdrif gedemp nie, want die woonhuis op De Bank was die grootste in die ganse Onder-Vals. 'n Fransman, Emile, en 'n Hollander, Jan de Wachter, het die sandklip gebreek, gekap, tot groot stene afgeskuur en die huis begin bou. Maar die opset was so ontmoedigend groot dat hulle ná 'n jaar op 'n sekere dag eenvoudig verdwyn het. Willem Knoetze, 'n tweede bouer, het nog drie jaar geswoeg om hierdie huis, wat deur die Engelse in die Anglo-Boereoorlog afgebrand is, te voltooi. Heletta Lephina, vir wie Abraham Preller die huis laat bou het, het nie geleef om dit voltooi te sien nie. 'n Tweede vrou met opgeskote kinders het gekom en gesterf. Eers 'n derde – 'n jong vrou, Johanna Wessels – het die swaar behangsels en kosbare plakpapier van die Kaap af met die trein laat kom, die maaltye om die groot okkerneuthouttafel voorgesit en kinders daar in die lewe gebring. Helena Lephina het dit afgetrokke vanuit die raam van die groot olieverfskildery in die voorkamer betrag.

Vir die troue was die vertrekke versier met al wat groenigheid in die wintermaande was.

Die jonger mense drom in die voorkamers saam om die tafels met slapkoeke, melk- en handtertjies en versuikerde vrugte. Hier staan ook die drieverdiepingbruidskoek met sy silwer blaartjies en kunstige suikerversiersel, baie luuksueus en ongewoon vir die tyd. Die Prellers het die koek van Fichardt in Bloemfontein bestel en self met die poskoets na Kroonstad gery om dit van die trein te haal en toe te sien dat dit oor die growwe pad en stamperige driwwe gemaklik bly.

In die lang, breë gange, die dispens, die woonvertrekke, op die ruim stoepe wemel die gaste. Die jong mans dra glase gemmerbier en warm wynpons rond en korswil met die nooientjies. By die eettafel met sytafels in die eetkamer sit die bruidspaar saam met die ouer familielede en die vooraanstaandes van die distrik aan. Hier word lang en ingewikkelde heildronke op die families aan weerskante ingestel, want bruilofte was een van die belangrike platforms van openbare sprekers in daardie dae; en dit word afgesluk met goeie Kaapse wyn en ingevoerde jenewer. 'n Swaar eetmaal met speenvark en lamspastei, geelrys en gestoofde patats word binnegedra. 'n Lywige waterbulpoeding staan in die middel van die tafel en stoom in sy sous van witblits, kaneel, suiker en lemoenskil – so kragtig dat die mans se asem daarvan wegslaan.

In die lig van die swaar hanglampe met die glaskegels aan die breë geelhoutplafon het hulle dié feesmaal geëet. Hulle was die mense wat self die wilde spruite aan die Valsrivier mak gemaak het, hulle kerk en dorp aangelê het, dit bestuur het en jaarliks die rapporte van hulle raadsvergaderings met koets en perde afgeneem het Bloemfontein toe. Hulle is by die fyn gebeitelde pilare van die ou Raadsaal deur Cornelis Wessels ingewag en begroet, en hulle het aangesit by die deftige eetmale in die ou Residensie, om koerantnuus met die gladde advokaat Abraham Fischer te bespreek.

Maar tye was aan die verander, dit sou selfs die mees onnadenkende moes toegee. 'n Mens hoef maar net te kyk na die soel Italianer wat in 'n swart kelnerspak met wit koksmus uitgevat, hom as Emilio Castignani met dramatiese gebaar en in krom Afrikaans aan die gaste voorgestel het. Hy is die heel beste vriend van die bruidegom, sê hy. Hy bedien, hy moedig aan, hy prys die geur van die disse, die kleredrag van die dames, die tabak van die mans. Hy vertel grappe, hy beaam die gewigtige stellings van die heildronksprekers, hy neurie Italiaanse straatliedjies, hy mymer en slaan sy hand oor sy hart wanneer hulle vertel hoe luisterryk die bruid se afkoms is en hy sien hoe mooi en sierlik sy lyk.

Voordat die Kaapse wyn begin trek het, was daar sekerlik gaste wat aanstoot geneem het aan die vrypostige Italianer op so 'n deftige Boerebruilof en onder mekaar gefluister het dat die volksvreemde elemente van Kimberley en Johannesburg oral indring.

Kimberley het in 1871 die vloed van uitlanders en leeglêers na die Wes-Vrystaat gebring en saam met hulle die koors om oral na iets te prospekteer. Toe die Sandvelders hulle kom kry, het Frans de Raedt steenkool by Vierfontein op die drumpel van die Sandveld gekry, en teer sy steenkoolwaens hulle skoon driwwe pikswart wanneer dit aankruie Kimberley toe. Skaars het hulle dit verteer, of daar word goud by Johannesburg ontdek. Toe is die duiwel eers los, en stroom die skorriemorrie van die noorde af in. Oral om Klerksdorp skop daar myntjies oop waar mynwerkers rinkink en Gods naam en eer by die kroeë en dobbeltafels verloën.

Op 'n dag sit daar 'n prospekteerder langs die pad by Rondebossie, die plaas van Jan Steyn, en sien hoe die miere korreltjies uitwerk wat op 'n haar net soos kimberliet lyk. Voor Jan Steyn kon sê "mes", was daar 'n diamantmyn op sy plaas. De Beers sak op hom toe, koop sy grond onder hom uit, en nou is hy ryk Jan Steyn wat met die spoggerigste span blou perde voor sy landauer ry en – so fluister die mense – elkers spesiaal vir hom 'n koets en perde huur om Kaap toe te gaan vir "besigheid". Daar steek hy voor die kroegmeisies sy pyp met vyfpondnote op.

Naby Jan Steyn se myn, Lacemyn, het die Italianers Renaldo en Cicero Castignani 'n winkeltjie gehad. Die Italianer wat dit toe so breed op die deftige Boerebruilof uittrap, was Emilio, hulle derde broer wat pas uit Italië geïmmigreer het.

Emilio Castignani was een van die verstommendste fortuinsoekers wat die goudkoors in die Sandveld afgelaai het. Toe Jannie en Lizzie Geldenhuys getroud is, was hy nog maar 'n paar maande in die land, maar voor die uitbreek van die Anglo-Boereoorlog was daar reeds stories dat hy met diamante smokkel. Gedurende die oorlog is alle bedrywighede by die Lacemyn gestaak, maar kort daarna het speurders hom op 'n dag met gesteelde diamante in sy winkel betrap. Só word hy die eerste wit man wat in die tronkselle van Kroonstad se nuwe tronk aangehou word. Die geskokte Sandvelders het hulle gesigte bedek oor die skande en besluit dat die laaste der dagen gebreek het.

Toe Emilio die dag gevang is, het hy sy twee winkelassistente snikkend om die hals geval en in gebroke, onverstaanbare Afrikaans-Italiaans-Sesotho van hulle afskeid geneem.

Toe hy die dag voorkom, het hy die rol van hoogs ontstoke veronregte gespeel en die getuienis op elke punt hartstogtelik bestry. Eindelik is 'n ondersoek ter plaatse gelas, en hy is onder geleide teruggeneem na sy winkel. Daar vind die hof toe dat 'n deur wat in die getuienis genoem is, glad nie bestaan nie; dat die kaste waarin die speurders die diamante sou gesien het, glad geen laaie het nie; dat vensters wat links sou gewees het, nou regs is. Die saak is as heeltemal onwaarskynlik verwerp. Agterna is daar beweer dat Emilio se afskeidsprewelings aan sy werkers in werklikheid haastige, skerpsinnige opdragte was om 'n middeldeur toe te messel, 'n venster in 'n symuur te breek, die mure af te wit en sekere meubels te verwyder.

Emilio is nooit weer vervolg nie. Hy het van sy plaaswinkeltjie na Bothaville verskuif en hom later op Kroonstad aangesluit by die gemeenskap Tommies wat ná die oorlog daar agtergebly en van die dorpie 'n sakesentrum gemaak het. Sy legendariese viriliteit, die onkonvensionele botviering daarvan en sy koelbloedige saketransaksies, onder meer met sy eie bloedverwante, sou selfs in 'n moderne samelewing opspraak verwek het; tog was hy jare lank burgemeester van Bothaville en van Kroonstad. Hy is trouens al man wat gelyktydig burgemeester van die twee dorpe was. Toe hy eindelik op hoë ouderdom oorlede is, het hy sy derde vrou en al sy kinders, sowel binne- as buite-egtelik, skatryk, godvresend en heeltemal verafrikaans nagelaat. Geboue, hotelle en strate op die twee dorpe is na hom vernoem.

Op 'n keer, so word daar dikwels vertel, het die burgemeesters van die omliggende dorpe op Bothaville saamgekom. As plaaslike burgemeester moes hy die welkomswoord spreek. In die middel van sy toespraak het hy skielik vasgesteek, geril, 'n sluk water geneem en formeel gesê: "I am sorry, gentlemen, but I cannot continue this speech. My young wife is waiting for me at home. Enjoy yourselves in any way you please." Hy het sy stoel opsy geskuif en rietregop en met lang hale die vergadersaal verlaat.

Ja, Lizzie en Jannie Geldenhuys het bepaald 'n aanskoulike bruilof gehad, maar ek glo nie dat die Geldenhuyse danig onder die indruk was nie. Dit sou nou Oubaas en Bessie Geldenhuys, Jannie se ouers, Aap en Meraai Geldenhuys, Hendrik en Nelie Geldenhuys, sy ooms en sy neefs Jurie, Lang Jan, Jan Staar, Dik Willem en Tol, en so meer, gewees het. Hoewel die Geldenhuyse in daardie jare een-een wat besittings betref nie teen die Bothas kon opweeg nie, en hoewel hulle nie wetsgeleerd soos die Prellers was nie, het hulle hulself as 'n trappie hoër in die samelewing beskou. Hulle plase was tussen die vrugbare Renoster- en Valsriviere na Kroonstad se kant geleë, en hoewel hulle almal ook Sandveldplase gehad het, sou hulle nooit gedroom het om daarmee te spog nie.

Die Sandveld, soos Bothaville en omstreke destyds bekend was, het eers in die moderne tyd met die gebruik van kunsmis tot die hart van die mielievierhoek ontwikkel; destyds was dit 'n woestynagtige streek met 'n harde, onsmaaklike polveld. Die gras het in die voorjaar daar vroeër as in Kroonstad uitgeloop.

Dan het die ou mense gewoonlik die ooie met een van hulle opgeskote seuns en 'n betroubare swarte soontoe gestuur om daar te gaan lam. Ná 'n maand of drie het die gifplante begin opkom, die gras het sy voedingswaarde verloor en dan moes die skape terugkom.

Mielies wou nie daar aard nie, want die grond was te arm aan fosfate. Baie van die mense wat daar gewoon het, het in groepies ongedoop, ongetroud en in ellende en armoede saamgehok, ondertrou en agterlik geword. Daar was byvoorbeeld 'n groep wat rondom 'n groot pan vir hulle huise in die walle uitgegrawe het en die naam van Appeldammers gekry het – jare lank 'n sinoniem vir alles wat erbarmlik en eenvoudig was. Die bruikbare dele was die Valsrivier met sy spruite en verder wes die Vaalrivier met sy spruite. Dit was die woonplek van die Prellers se bruilofsgaste, maar vir die Kroonstadters was dit op verre na nog nie iets besonders nie. Hulle het waarskynlik rustig en selfversekerd aan die feestelikhede deelgeneem.

Ek kan my voorstel dat die gesprekke onder die mans knaend oor die pas afgelope runderpes met sy skrikwekkende veeverliese en die duistere politieke toestande gegaan het: In Pretoria sê hulle dít, in Bloemfontein dát. Maar die burgers wat die skyfskiet van '99 bygewoon het waar die Vrystaatse regering aan elkeen honderd mauserpatrone present gegee het met die uitdruklike opdrag om dit onder geen omstandighede te gebruik nie, en waar hulle na ure lange lesings oor lyf- en kopskote deur ervare Majuba-skuts moes luister, kon hulle eie gevolgtrekking maak.

Die Geldenhuyse sou beleefd maar sonder belangstelling geluister het. Volgens die dagboek wat Jannie later in die oorlog gehou het, was sy mense nie oormatig op die politieke situasie van hulle tyd ingestel nie. Hulle sou dit waarskynlik nie as goeie "fatsoen" beskou het om 'n feestelike geleentheid met gesprekke oor sulke onoplosbare probleme te belas nie.

Dofweg vanuit 'n voorkamer sou hulle reeds die ligte steiergaloppie van 'n konsertina gehoor en hulle kans afgewag het om een vir een uit te glip soontoe. Hulle het almal die Engelse en Boerekonsertina, die kitaar en die nuwerwetse banjo gespeel en graag gedans. Nie sommer riele nie. Hulle was meesters van die masurka en die lansiers en het geweet dat 'n mens in die ruim voorvertrekke van De Bank se huis so 'n dans met smaak en presiesheid sou kon opstel.

Abraham Preller kon die konsertina ook hoor, maar het sy gesprekke oor die landsake hardnekkig volgehou. Sy huis, sy eerbare huis word vir die eerste keer in sy bestaan met wêreldse musiek onteer. Wat kan hy anders doen as maak of hy dit nie hoor nie? Hy sit sy hand gebiedend oor die knie van sy jong vrou sodat sy nie miskien in jeugdige onverskilligheid daarmee kan tyd hou nie. Dit was verstandig van hom, so het hy seker gedink, om vir Jannie en Lizzie 'n huis net onderkant die groot opstal, anderkant die leegtetjie te laat bou, want hy sou 'n vaste hand aan die roer moes hou. Hy sien hoe die bruidegom sy bruid ongemerk by die deur uitstuur, ook in die rigting van die skreemusiek.

In die voorkamer word die bruidspaar luidrugtig verwelkom, en almal staan terug sodat hulle die dansbaan kan vereer. Jannie buig galant voor sy vrou. Sy vryersmaniere is na die beste van sy tyd: gemaklik, sjarmant. Hy swaai haar oor die vloer. Hy is 'n uithalerdanser, maar hy pas sy treë aan by dié van sy onhandige bruid. Sy ken die passies maar net effentjies van hoorsê. Haar kennis van musiek het sy op kollege opgedoen – die orrel en die klavier – en die dinge wat sy leer speel het, was die kerkmusiek (sy was tot met haar troue orreliste van haar dorp) en hier en daar 'n Victoriaanse treffer soos "Over the waves", "Silent confession" en "Whispering hope". Gesing het hulle uit die Sankey en die ou Globe-sangbundels.

Ná 'n paar danse breek die tyd aan; almal weet dit. Die jongeres sien met gretigheid daarna uit, die oueres herinner hulle dit met weemoed. Die bruidspaar moet na die bruidsbed vertrek. Lizzie word op die ronde tafel gehelp. Jannie hou haar hand vas. Hulle blinddoek haar, draai haar in die rondte. Al die ongetroudes drom om die tafel saam: Nou moet sy haar ruiker gooi vir iemand om te vang. Vir 'n meisie is dit byna onmoontlik met die jong kêrels wat die hande opsteek. Jong mans gryp nooientjies om die lyf en hou hulle omhoog. Al vang sy nie die ruiker nie, is die omhooghou darem ook al iets. Min van hulle het op daardie oomblik besef wat 'n voorreg dit was om die ruiker te vang, want dit sou beteken dat hulle die oorlog gaan oorleef om daarna nog te kan trou.

Lizzie verdwyn ongemerk, gaan trek haar bruidstabberd uit en ontmoet Jannie voor die agterdeur. Die lig uit die kombuis glim oor die speke en spatbord van 'n splinternuwe halftentkarretjie met springbokleerkussings en 'n splinternuwe paar tuie. Ook die paar bruin karperde ken sy nie. Alles het mooi en opwindend en welvarend gelyk. 'n Jaar later sou sy swanger en bevrees voor die Engelse kolonnes daarmee in Vaalrivier se spruite rondvlug.

Hulle sit styf teenmekaar toe die perde die wit maanhaarstrepie van die plaaspaadjie vat. 'n Myl of wat van die groot huis af, anderkant 'n leegtetjie tussen 'n plaat katbosse, staan die viervertrekhuisie wat hulle al klaar "Katbos View" gedoop het.

Hulle sluit die voordeur oop, hy dra haar soos dit sedert onheuglike tye hoort, oor die drumpel en steek die kers op. Dan gaan hy die perde versorg. Sy trek haar voersisnaghemp met die swaar borduursels aan, kam haar lang wit hare en vleg dit. Hy gaan stemmig in die voorkamer in 'n leunstoel sit en wag tot sy klaar is. Hy sorg dat die geknoopte deken goed om haar ingeslaan word toe sy in die verebed klim, want hy het haar lief en sou voortaan altyd sorg dat sy beskut is.

En of daar in die groot huis oorkant in elke venster 'n soeklig skyn, of die reent aanhoudend deur 'n gaatjie op die misvloer tap, of daar in Pretoria dít en in Bloemfontein dát gesê word, die liefde in die huisie op Katbos View was jonk en soet en genoeg vir 'n leeftyd saam.

Dorpie onder krygswet

Die Valsrivier wat vir my as kind die hele beskaafde wêreld was, ontspring in die Witteberge naby Bethlehem in die Noordoos-Vrystaat, vloei noordwes deur die Bo-Vrystaat en mond kort anderkant Bothaville in die Vaalrivier uit. Dit loop deur 'n vlak laagland, gesoom met plat beboste klipranjies. Met sy myle lange seekoegate en klipkeerbanke is dit een van die standhoudendste riviere in die Vrystaat. Langs sy walle is goeie grond, goeie weiding – die beste in die hele land, het my pa geglo. Ongeveer veertig myl van waar dit uitmond, swenk die rivier 'n paar keer suidwaarts en in een van hierdie elmboë aan 'n klipdrif het in die negentiende eeu die dorpie Kroonstad ontwikkel.

Met die uitbreek van die Anglo-Boereoorlog was dit reeds 'n vooruitstrewende distrik en 'n dorpie met hardebaard. Die drif, die Kroondrif, was van oudsher reeds die belangrikste transportdeurgang na Transvaal, en drie strate, Oranje, Cross en Murray, het stewig bebou en netjies met systrate geblok, opgestreep na die stasie, waar treine sedert 1892 na Johannesburg verbystoom.

Kort by die drif het twee hotelle gestaan. Hoewel een van hulle aan my groottante behoort het, moet ek bely dat die plekke nie fatsoenlik was nie. Daar was ook 'n poskantoor, 'n landdrosgebou en 'n mark. Straatop het die hart van die dorp gelê rondom die groot plein van die Nederduitse Gereformeerde Kerk, destyds 'n lomp, toringlose gebou wat in die middel van die dorp soos 'n hoenderhen gehurk het, met die huisies soos kuikens om haar heen. Daar was tien winkels, vyf algemene agente, 'n prokureur, vier dokters, 'n horlosiemaker, vier skrynwerkers, een tuiemaker, twee slaghuise, twee bakhuise, een kleremaker, twee hoefsmede, een blikslaer, vier messelaars en 'n sieletal van ongeveer seshonderd. Daar was 'n winsgewende wolwassery aan die rivier, een dubbelverdiepingwoonhuis en 'n watertoring.

Afgesien van die Hollandse predikant en die klein groepie regeringsamptenare en enkele uitsonderings was die mense wat die bogenoemde beroepe beman het, deur die bank Engelse, Skotte en 'n paar Litause Jode. Waar sou hulle almal vandaan gekom het? Waarom het hulle hier in die doringlaagte vasgehaak? Die storie van elkeen se mislukking, teleurstelling en geheime verlange sou 'n lang en somber boekdeel uitmaak, maar daar was dinge wat hulle gemeen gehad het met die hele land se verlore uitlandergeslag van die vorige eeu.

Hulle het hulself nooit deel van die jammerlike, primitiewe republieke of die ewe jammerlike Kaapkolonie gevoel nie. Hulle was afstammelinge van Britte wat die grote Napoleon oorwin het en hulle land op die voorposte van sy beskawing gedien het, en hulle was net aan Brittanje verantwoordelikheid verskuldig. Daarom het hulle in elke dorpie waar hulle saamgetrek het, 'n harde klont verset teen die klimaat, die inwoners en die staat geword.

Hulle het deur blakende somers en ysige winters heen die Britse leefwyse probeer volhou. Hulle het op ons dorp tennisbane gebou en toernooie gespeel, maar dit het stadigaan doodgeloop, en die bane het vol onkruid geword: Daar was makliker maniere vir 'n vrou om haarself te verwoes as om, 'n eeu voor daar kreukeltrae stowwe en reukweerders was, in gestyfde lang kabaai in die bloedige son agter tennisballe aan te wip!

Hulle het hul bes gedoen om krieket en voetbal aan die gang te hou, hulle het nogal sukses met 'n roeiklub gehad, maar "it seems impossible te keep anything going in this miserable place", het mnr. Hill, die prokureur, eenkeer in 'n openbare skrywe wanhopig uitgeroep. Tuinpartye is selfs vandag nog in die ongestadige Vrystaatse klimaat 'n gewaagde onderneming, en bankette ... stel jou die sotheid voor dat 'n geselskap Skotte die heildronk op 'n Vrystaatse president moet instel! Danspartye, fatsoenlikes, was buite die kwessie, want die enigste behoorlike danslokaal was die hofsaal, en die Vrystaatse regering het bepaal dat dit nieamptelik net vir kerklike funksies gebruik mag word.

Hulle huise het vol pampasgras en vol portrette van Victoria en Albert gehang, daar was katalogusse van die wonderlike dinge wat jy regstreeks vanuit Londense beskawingswinkels kon bestel – as jy die geduld en die geld gehad het. Hulle het verveeld in hul onderbaadjies en gestreepte boordjiehemde teen die deurkosyne van hulle winkeltjies geleun en futloos die transportpad met sy poskoetse van Bloemfontein of Johannesburg dopgehou. Namiddae het hulle ure lank in die sleg geventileerde kroeë deurgebring en mekaar probeer opbeur met verhale van die Britse oorwinnings in die Ooste. Hulle het nie van Piet Joubert en De la Rey geweet nie, maar hulle kon jou alles omtrent Kitchener van Khartoum, Redvers Buller en Chinese Gordon vertel. Hulle het die tyd met dobbel verdryf en die winste gebruik om hulle kinders Engeland toe te stuur om daar skool te gaan. Min van hierdie kinders het teruggekom na Suid-Afrika toe.

Die grootste frustrasie vir meeste was miskien dat die enigste opwinding, die enigste besigheid gekom het as die ongeletterde Boere elke drie maande met hulle tentwaens inkom dorp toe en op die kerkplein en in die tuishuisies vir Nagmaal afpak. Dan was daar nuus, geld, lewe op die dorp. Dan vou die meerderwaardige Engelse handelaars hulle dubbel om die geradbraakte Engels van die Boere te verstaan, laat hulle hul blinkgevryfde winkelvloere vol twaksop spoeg, staal hulle hul teen die oliekolonie- en snuifasems van aggressiewe Boerevroue wat die duurste en beste fluweel, die fynste koppies en die ingevoerde skoene wil koop.

Oor die algemeen het hulle die Afrikaners geminag oor die goedkoop pepermente wat hulle suig, oor hulle bot eiegeregtigheid oor die besit van die land, hulle fanatieke bidure en temerige gesange, hulle duikervelsakke vol goue ponde en miskien nog die meeste oor hulle fisieke geilheid wat hulle deur droogte en verveling heen met stringe aanteel laat triomfeer het.

Daar was uitsonderings: Kroonstad was gelukkig genoeg om een hiervan te hê. Ek het hom nog self in my kinderjare gesien, die arrogante ou kolonel met sy blitsige blou oë en woedende Ierse snorbaard. Alfred Lester Thring, houer van die Natallers se dapperheidsmedalje in die Zoeloe-opstande, houer van die Boere se medalje vir getroue diens in die Anglo-Boereoorlog en houer van die Engelse se DSO in die Eerste Wêreldoorlog.

Hy het in Ladysmith grootgeword en in 1883 as jong man na Kroonstad uitgewyk. Hy was 'n dodelike skut en het vrees nie geken nie, en hierdie twee dinge was die enigste maatstaf waarmee hy ander gemeet het. Kroonstad het hom hulle veldkornet, vrederegter en later heemraadslid gemaak.

Kroonstad het 'n skyfskietspan opgebou wat tot in Transvaal bekend geword het en die kommando het selfs 'n liedjie vir hulle kaptein gemaak.

Toe die Anglo-Boereoorlog uitbreek, is hy saam met die kommando Natal toe om daar te veg, onder andere teen sy broer wat by die Britse magte aangesluit het. Daar bestaan 'n portret waarop genl. De Wet tussen die twee sit: links kommandant Du Bois, die Fransman met groot arbeidershande en regop kuifie, en regs Lester Thring, regop en met stywe krawat en wegstaansnor, gereed om in te storm. In die Tweede Wêreldoorlog het hy sy eie brigade, Thring's Light Horse, aangevoer...

Maar sulke gevalle was uitsonderings.

Die Suid-Afrikaanse geskiedenis van die laat negentiende eeu was moeilik vir die uitlanders om te verteer. Die veragte Afrikaner het Brittanje met kolonisasie en binnelandse beskawing na die kroon begin steek, en Engeland het al hoe onmagtiger geblyk om die toestand te keer, soos die eerste Transvaalse Vryheidsoorlog bewys het.

Hulle moes begin voel het soos mense wat op 'n eiland vergeet is. Hulle het die patroon van Rhodes probeer volg wat sy diamantmyne heeltemal los van die Kaapse regering beheer en dit so suksesvol gedoen het dat die Engelse opperbevel in Londen ná die uitbreek van die Anglo-Boereoorlog weke lank nie seker was waar hy sy troepemagte moet konsentreer nie: by Kimberley om Rhodes se belange te beskerm of by die militêre doelwitte wat die Kaapse opperbevel aanbeveel het.

In sentrums soos Johannesburg is hulle rol in die aanhitsing tot oorlog oorbekend, en deur die hele land heen was hulle hoogs verlig toe dit eindelik uitbreek en Redvers Buller van Engeland af gestuur word: "The Boers will cop it now. Farfer's gone to South Africa an' tooken 'is strap," het Punch selfgenoegsaam gesê.

Wel moes hulle in die eerste paar maande die Boereoorwinnings by Ladismith, Mafeking en Magersfontein sluk, maar die oorgawe van Cronjé by Paardeberg en die triomfantlike inmars van die Engelse in Bloemfontein het gou daarna gevolg.

Die uitlanders van ons dorp moes daarna wel nog die irritasie beleef om die hele Vrystaatse regering met Steyn, De Wet en Botha op Kroonstad te hê en die reusesaamtrek op die Kroonstadse markplein toe Kruger en Steyn die Boeremagte toegespreek het. Maar nadat lord Roberts op 11 Mei 1900 met marsmusiek en adresse buite die dorp verwelkom is, was die borde verhang. Genl.maj. W.G. Knox het met twee Engelse laers permanent weerskante van die rivier ingetrek, en die uitlanders van ons dorp was soos mense wat die groot verdrukking ontkom het. Daar was meteens weer die ou geliefde tongval oor lippe geverf met goeie, beleë Skotse whisky, daar was die geknipte Britse steekbaardsnor, die fleur van ordelinte en gesnyde medaljes, die nonchalante handgebaar om 'n sabelhef. Weer eens was daar die sekerheid van 'n militêre stelsel, 'n protokol, 'n korrekte manier van dinge sê en doen. Inderdaad het die magtige Britse Ryk hulle hier op die voorposte ingehaal met sy tradisie en (hoe gerieflik!) ook met sy geldmag.

Die winkels kon nie voorbly nie, en nuwes het ineens oopgemaak. Die offisiere is getrakteer op jagpartye en bankette wat eindelik op standaard kon aangebied word. Die twee hotelle moes hulle werknemers aanvul en kafeetjies, kleremakers, skoenmakers, tuiemakers het oral opgeduik om die soldate van diens te wees. Saans laat as die offisiere ná ure lange brassery in die hotel by die kafees kom eet, het hulle nooit die moeite gedoen om kleingeld wat val, op te tel nie. Middernag, wanneer kafeebediendes wat later aan dikwels boeremeisies was, die kafees uitvee, tel hulle die geld op, soos Rut haar koringare.

Tussen Hill- en Murraystraat op 'n perseel waar later jare 'n begrafnisonderneming sou verrys, het majoor Knox vir sy hoë offisiere ses Franse prostitute gehuisves. Ou inwoners onthou hulle nog as ses logge monsters met geverfde hare en uitspattige sytabberds wat onverstaanbaar gebabbel het, dit selde in die onsimpatieke klimaat buite gewaag het en saans heftige rusies onder mekaar en met hulle minnaars met borde en koppies besleg het.

Die mindere offisiere is dikwels na die huise van Engelse en jingo's uitgenooi; van die gewone ou Tommies het die lewe in die saaie gehuggie vir hulself ten beste probeer opfleur met die inheemse bevolking. Die algemeen aanvaarde vergoeding vir plesier was 'n blikkie konfyt. Vroue in die Kroonstadse swart woonbuurt het geweet waarop dit neerkom as 'n soldaat met haar onderhandel oor "jig-jig for jam".

Wat die Kroonstadse uitlanders betref, kon die toestand vir jare so voortduur, en tot hulle verligting het dit ook. Ten spyte daarvan dat die Engelse die spoorlyne van Kaapstad tot by Delagoabaai en Durban beheer en die hoofstede van die republieke beset het, het die oorlog toe eers vaart gekry en die Engelse regering eenmiljoen vyfhonderdduisend pond en vierduisend dooies per week gekos.

Toe begin die guerrillafase van die oorlog met die verwoesting van Boereplase en die vernietiging van kosvoorrade. Kroonstad moes sy pas hierna reël. In 'n ongesonde turflaagte naby die rivier verrys 'n konsentrasiekamp met 'n ekstra vierduisend siele: vroue wat net met die klere aan die lyf en dit wat hulle in die hardloop uit die brandende huise kon red daar aangekom het, kinders, oues van dae.

Só het my groottante Grietjie ook ternouernood daar uitgekom. Tant Grietjie was in ons familie bekend as 'n vreeslose Vrystater, 'n vrou wat 'n jong perd kon inbreek, haar eie man sy pak slae op sy tyd gee en nog boonop voorbodes kon sien.

Toe die Engelse op 'n dag op die plaas toesak, het sy haar tawwerd kieskeurig bymekaar getrek en in haar leunstoel in die voorhuis gaan sit. Sy het geweier om die huis te verlaat. Kinders en aangetroudes het koorsagtig meubels uitgedra, hensoppers het geplunder, soldate het kussings en veerbeddens met bajonette deurgesteek op soek na wegkruipende Boere, voerbale is nadergesleep om die vuur mee aan te steek, maar tant Grietjie het bly sit.

Hulle het die vuur aangesteek, maar sy het bly sit. Toe die platdak van die kombuis in vlamme inmekaarstort, het vier Engelse soldate swetend en swetsend met die groot leunstoel met tant Grietjie nog daarin, by die deur uitgestorm gekom en haar bo-op die skamele hopie meubels neergesmyt. Sy is kamp toe geneem.

Ten spyte daarvan dat Kroonstad oor gesuiwerde drinkwater beskik het, is water uit die rivier met waterkarre aangery en aan die vroue verkoop. Daar was nie beddens nie, en vleis van hulle eie skape kon hulle van die joiners teen buitensporige pryse koop. Daar was vir die vierduisend één dokter. Dit het 'n kermende helkamp geword waar ondervoeding, kindersiektes, intrige en ontbinding floreer. Dit het 'n rekord opgestel vir die meeste sterftes in een maand in die hele Vrystaat en Transvaal; die vier timmermans kon nie voorbly om doodkiste te maak nie.

Woensdagmiddae, so onthou my ou oom Bouwer wat dit as seuntjie meegemaak het, moes alle kinders in rye inval. Dan kom die militêre orkes van die kamp af en moes die kinders ure lank op die maat van Britse marsliedere marsjeer. Hy onthou nog die menigte rottinghoue wat hy oor die bene gekry het wanneer hulle sing: "We march to the red, white and blue" en hy dan saggies byvoeg, "and the yellow too..."

Boere wat krygsgevange geneem is en nie parool wou teken nie, is gedwing om die grafte in die konsentrasiekamp te grawe.

Op die dorp was elke tuishuis stampvol gepak, want eienaars van huise kon verlof kry om dit te bewoon, maar ook by hulle was daar dieselfde probleme. Hulle het nie geld of klere gehad nie en moes handwerkies verrig om aan die lewe te bly. Maar nou swerm ook die hensoppers en verraaiers na die dorp. Hulle plase en veekuddes bly wel ongeskonde deur die Engelse, hulle ontvang besoek van en reël jagpartye vir hoofprovoos De Bertodano en sy offisiere, maar hulle word uit vrees vir die Boerekommando's se wraak na die dorp gedryf.

Dit is hulle wat vir die Engelse, wat maar nooit vat aan die Suid-Afrikaanse veldtoestande kon kry nie, as gidse en raadgewers optree, plundertogte na Boereplase onderneem en hulself met die buit verryk, wat wagstaan by die konsentrasiekamp en die vroue van Boereoffisiere vir spesiale vernederings aan die Engelse uitwys.

'n Ent buite Kroonstad het 'n sekere ou dr. Bratt 'n groep joiners om hom vergader en 'n sooifort onder dekking van 'n blokhuis naby Heuningspruitstasie gebou. Hiervandaan het hulle vir die Engelse spioenasiewerk gedoen en in hulle sooifort geskuil wanneer daar Boerekommando's in die omtrek was.

Die dorp het soos baie ander plattelandse dorpe in daardie dae 'n nes van intrige geword waarin Afrikaners met die Engelse gemene saak gemaak en hulle landgenote uitgelewer het. Hiervan spreek 'n hofsaak wat daardie tyd in Kroonstad verhoor is. Die aanklag wat voor magistraat Robertson gedien het – wat terloops die Boere baie goedgesind was – was een van strafbare manslag. Die beskuldigde was 'n sewentienjarige Boeremeisie, Johanna Geldenhuys. Vir die Kroon het C.L. Botha opgetree, vir die beskuldigde W.D.E. Watkeys.

Volgens die getuie, haar jonger suster, het hulle met drie kleiner kinders in 'n perdekar in die veld gery. Hulle is deur die Engelse tot stilstand gedwing. Hulle swaer, Pieter Ajvers, het met 'n perd daarop afgekom, sers.maj. McGillwray van die Suid-Australiese Boslansers doodgeskiet en sersant Ewans verwond. Hy het die geweer by hulle in die kar gegooi en weggejaag. Twee dae daarna is Johanna op Olifantsvlei in hegtenis geneem. Volgens sersant Ewans was dit die oudste van die twee dogters, Johanna, wat die sersant-majoor doodgeskiet het, hoewel niemand enige van die twee meisies met 'n geweer gesien het nie.

Die hofverrigtinge het in Engels plaasgevind; daar moes vir die beskuldigde getolk word. Chris Botha, skitterende advokaat wat later regter sou word, het die beskuldigde se stamelende, beangste verklaring geskeur met spitsvondige Engelse tersydes wat die aanwesiges laat skaterlag het, maar heeltemal verlore op die twee baar boeredogters was. Die verbatim verslag van hierdie hofsaak in *The Friend* is iets aanstootliks om te lees. Johanna is gevonnis tot 'n jaar tronkstraf met hardepad.

Kroonstad se oorlogspoging het egter nog verder gestrek. Hier is 'n komitee in die lewe geroep wat homself die Sentrale Vredeskomitee genoem het en wat met pamflette en persverklarings landswyd propaganda teen die Boere versprei het. Die gedagte was om die Boeremagte hierdeur tot oorgawe te dwing. Die sleutelfiguur in die komitee was 'n NG-predikant, Du Plessis. Hy was voor die oorlog predikant op Lindley en het in Junie 1900 daar die eed van getrouheid aan Engeland afgelê. Daar het hy onder meer in aanraking gekom met kmdt. Vilonel wat vroeg in die oorlog, nadat hy vóór die Slag van Sannaspos deur genl. De Wet van sy pos onthef is, gaan oorgee het. Saam met hulle was 'n bekende Kroonstadter, Louw Botha, wat voor die oorlog reeds bekendheid verwerf het deur 'n pamflet te skryf waarin hy die Boer se agterlikheid en gebrek aan beskawing opweeg teen die verfyndheid en edelmoedigheid van die Engelsman. Gewese Vrystaatse Volksraadslede, Minnaar, Naudé, Bornman, Botha en Cloete met sekretaris Chris Botha onderteken hulle ope briewe in koerante.

In een so 'n brief van die dominee aan die *South African News* in Kaapstad noem hy genl. De Wet 'n leuenaar wat met leuens oor denkbeeldige oorwinnings sy magte onder valse voorwendsels in die oorlog hou. Hy beskryf Boere se gruweldade wat onder meer gepleeg is teenoor ene Gert Muller, wat deur die dominee een van sy godvresendste diakens genoem word, maar in die dorpsoorlewering onthou word as die skrik van die konsentrasiekampvroue. Muller is in die veld met sy vredespamflette deur die Boere betrap en byna doodgeslaan: vyf-endertig houe met 'n stiegriem, kan die dominee presies konstateer.

Hy skryf ook uitvoerig oor die Morgenthal-geval. Andries Wessels en Jan Morgenthal, twee hensoppers uit vooraanstaande Kroonstadse families, het, onbevrees soos die dominee hulle ken, op eie versoek uitgery na De Wet se kommando en hom in naam van die Vredeskomitee beveel om sy huigelagtigheid te laat staan en hom oor te gee. Morgenthal en Wessels is sonder verdere seremonie deur kmdt. Froneman daar doodgeskiet – wat jou wys tot watter skrikwekkende wreedheid die Boere gedaal het, sê die dominee.

Die komitee was een van die liggame wat hom ten doel gestel het om die goeie naam van die Britse leër te herstel. Daar het naamlik allerhande stories die rondte gedoen dat Britse troepe hulle aan oneervolle gedrag skuldig maak. Die komitee het oral in die Vrystaat vergaderings gehou om hierdie bewerings die nek in te slaan. So 'n vergadering is ook in Bloemfontein gehou. Toesprake is deur dr. Kelner, J.G. Fraser en andere gehou, maar dit was adv. Botha wat openlik kon getuig van die Britse ridderlikheid teenoor sy huisgesin toe die Britse leër Kroonstad binnegetrek het. "Not for one moment," sê hy, het hy ongerus gevoel oor sy vrou en dogters nie, en hy het voorgestel dat 'n verslag van die vergadering se verrigtinge gestuur word aan die Britse regering asook die burgemeesters van Parys, New York en Berlyn! Onnodig om te sê dat die betrokke vergadering afgesluit is met "three rousing cheers for the British army and a deep-chested rendering of 'God save the Queen'."

Die komitee het 'n afvaardiging Kaap toe gestuur met die doel om lord Milner opmerksaam te maak op die werk wat hulle vir die Empire doen, die Afrikanerbond se samewerking te verkry en kontak met gevangenes in die Groenpuntse kamp te maak om daar 'n opstand teen die oorlog te bewerkstellig en nog beter paroolvoorwaardes te verkry. Die Afrikanerbond wou nie saamspeel nie, en by Groenpunt het die komitee hom vasgeloop teen 'n onopvallende man met die naam van Hennie Otto. Hy was tot met die inname van Kroonstad telegrafis op die dorp, is gevang en na Groenpunt geneem, en sy suster Gertie het getrou die uitknipsels van die Vredeskomitee se bedrywighede aan hom gestuur. Hennie Otto het gesorg dat die Vredeskomitee van sy dorp nie vastrapplek op Groenpunt kry nie. Toe hy later hoofbestuurder van die magtige Nasionale Pers word, sou hulle dalk vermoed het ...?

Onder hierdie omstandighede het Emily Hobhouse tot die oorlog toegetree. As mens 'n gesaghebbende werk (soos dié van Rykie van Reenen) oor Emily Hobhouse lees, val dit jou op hoe baie van die persone wat Emily in haar taak bygestaan het, juis die groot hensoppers onder die Boere was. Waarskynlik was daar in daardie stadium al 'n kentering, 'n gevoel van skuld wat tot heil en voordeel deur dié dapper vrou aangewend kon word.

In ons dorp se oorlewering is daar 'n sprekende voorbeeld. Elke jaar vir sover terug as wat ek kon onthou, was my pa een van die organiseerders van die Heldedagbyeenkoms, en jaar ná jaar het hy in die een of ander stadium in die finale reëlings op 'n besondere manier in sy eie herinneringe verstrik geraak. Daar was een gesin wat selfs vir 'n klein seuntjie soos my pa gedurende die oorlog afstootlik was vanweë hulle Britsgesindheid. Maar met die rehabilitasie van die konsentrasiekamp was hulle dermate daarmee gemoeid dat die eerste kampmonument deur hulle daar opgerig is. Dit het gemaak dat hulle name by elke Heldedagviering in dankbare nagedagtenis genoem moes word. Elke jaar het my pa hoog en laag vir ons gesweer dat hy die geskiedenis nie langer gaan verkrag nie, en elke jaar het ek hom met stywe lippe en afgewende gesig tog die bedanking hoor doen.

En ná die vrede? Wat dit alles aan die plattelandse Afrikaner gedoen het, is bekend. Maar ook die uitlander op die klein plattelandse dorpie het nie ongeskonde daarvan afgekom nie. Die oorlog het die Afrikaner sy onafhanklikheid gekos, maar dit het hom ontsaglike aansien gebring. Dit het aan die Engelsman 'n oorwinning besorg, maar sy prestige weggeneem, en hieraan moes hy net so hard as die Afrikaner wurg.

Heelwat Engelse soldate wat by die twee kampe gestasioneer was, het ná die oorlog op ons dorp agtergebly; bouers, algemene handelaars en die spoorweë en polisie het soveel Tommies gelok dat Afrikaners vir jare ná die oorlog dikwels nie polisiemanne in hulle huise wou innooi nie.

Toepassing van die verengelsingsbeleid in daardie dae en hoe die Afrikaner hom daaraan ontworstel het, is bekend. My ouers was produkte van daardie gewraakte skoolstelsel en was aktief in die strewe om daarvan los te kom. En tog roer dit my nog altyd wanneer ek terugdink hoeveel daarvan hulle onbewus bly aankleef het. Ek dink aan my ma aan wie se knie ek my liefde vir die groot Afrikaanse vaderlandsdigters geleer het. Maar liefdesgedigte het sy net in Engels gelees. Sy het geweier om by Engelse besighede te koop of in Engels bedien te word, maar sy het net Engelse Spode-porselein, Sheffield-messe en Horricks-linne gekoop. Sy het my met Engelse waarheidspreuke soos "If thou cannot to thine own self be true ..." geleer om 'n Afrikaner te wees ... en sy het tot aan die einde van haar lewe met die grootste respek gepraat van daardie ou Ierse en Skotse onderwyseresse wat gestuur is om die Engelse taal en kultuur in haar keel te kom afdruk. Bewys dit weer eens die onvoorspelbaarheid van die Suid-Afrikaanse geskiedenis?

Die onvoorsiene het dig by ons gebeur toe die Ierse Milneronderwyseres van ons buurdorp, mej. Bell-Robinson, een van die grootste kampvegters van die Afrikaner en sy taal geword het. Uit jammerte vir die Afrikaner seker, maar net sowel uit Ierse haat vir alles wat die Engelsman doen.

Die Milner-skoolraad wou van Kroonstad af nie biblioteekboeke vir haar skool stuur nie en op 'n dag het sy met 'n piekanien in 'n bokkiekar ingejaag Kroonstad toe en die biblioteek ingemarsjeer. Sy het boeke afgepak en die karretjie volgelaai en toe, gekonfronteer deur die hele "school board", haar benerige vinger omhoog gehou en met vlammende blou oë gesis: "I dare you to take one book from me." Hulle het natuurlik nie, want sy was toe reeds een van die invloedrykste persoonlikhede in die Vrystaat, persoonlike vriendin van Emily Hobhouse, genl. De Wet en genl. Hertzog.

Die gemeenskapslewe van ons dorp, die sport en stadsraad is daardie tyd deur Engelse oorheers en die Eerste Wêreldoorlog het hulle met 'n nuwe patriotisme besiel, maar tog ook nie volkome nie.

Hulle het nog "God save the King" gesing, nog in die somer hulle stomende Kerspoeding swetend verorber en na "home" verlang, maar dit was 'n nostalgiese verlange, 'n wete dat die glorie verby is. Hulle het vir die eerste keer soveel notisie van die Afrikaner begin neem dat hulle probeer het om hom te verengels; hulle het die "miserable place" begin opbou en ontwikkel, omdat die geloof geleidelik in hulle begin groei het dat hulle nageslag tog wel die wrede eise sal kan nakom wat die land, sy klimaat en sy mense oplê. Hulle het, sonder dat hulle dit besef het, van die land geword.

Oorlog vir Jannie

Hy was twee-en-twintig jaar oud en vier maande getroud toe die oorlog van 1899 op Jannie Geldenhuys van Bothaville toesak, en hy, sy skoonvader Abraham Preller, sy broer Pieter en sy vriende Ernst en Martiens van Biljon na die wesfront by Kimberley vertrek. Hulle het beslis nie beteuterd en versukkeld daarheen opgetrek nie: Hulle het hul perde en pakperde gehad, 'n halftentwa en agt osse. In die dagboek wat hy later as krygsgevangene in Indië gehou het, skryf hy:

> Wy had een (cook) die de wagen dryf, een kaffir [sic] die naar ons paarden kyk. De Vc. sluit ook later by ons wagen aan. Koek, beskuit, blikken vleisch had wy als volop en slaap op veder beddens. Ons leven was gelyk aan (lords).

Hy veg so hier en daar by Armoedskoppie, Belmont en Magersfontein en beskryf die eerste groot geveg waaraan hy deelneem heel onbewoë:

> Wy staan en vochten tot omtrent 7 uur pm toen werd Pieter zyn paard geschoten. Wy verzuimde nog een poosje. Ik zag die burgers retereerde. Ik zeide toen aan Pieter dat hy een plan moet maak om vort te gaan, het welk hy deed. Ik wacht toen daar ik op myn paard reken om uit te jaag. Toen het op het uitterste was, dacht ik het voor myn tyd om te begint. Ik klom op het paard en jaagde voorts onder een hevig vuur van kleyngeweer en kanon.

Na ik omtrent 800 treden weg was werd myn paard licht gekwest aan de voorbeen. Ik ontmoet de comdt. en nog een paar man in een ander positie. Ik sluit by hen aan; daar vochten wy een wynig. Myn paard verloor de positie en kryg een kogel op de heup in en op de zadelklap uit. De paard viel. Ik werd toen in de nood en dacht by my zelven om liever een plaan te maak om voor my veiligheid te zoek. Ik sny de buikgord van my zadel los en ging met die pak te voet aan. Ik had een goede zadel en toom en wou het niet gaarne achterlaat...

Jare daarna het sy vrou Lizzie ook haar oorlogsherinneringe vir haar kleinkinders te boek gestel en wanneer sy by hierdie betrokke insident kom, beskryf sy dit met 'n verering wat die jong burger van daardie tyd seker skaars waardig was: "Nou weer so 'n klein insidentjie," sê sy, "om van ou Dad se manmoedigheid te vertel: Terwyl ou Dad en nog meer ander burgers van Maersfontein ook op die terugpad ry, kry ou Dad se perd 'n dodelike skoot. Die perd sak inmekaar, maar ou Dad bly kalm, klim af, maak die buikgord los, haal die saal en sy reënjas af, bekyk die jas, maak 't oop en vind dat 'n koeël selfs die jas getref het. Nou ja, maar die mooi nuwe saal, toom en stiebeuels wou hy tog nie in die slag laat bly nie. Hy vou die jas dubbel, sit dit op sy kop en die saal bo-op. En daar stap hy aan, so onder die salvo van Engelse skote. Liewe ou Dad, ewe bedaard, maar die nuwe saal en niekle silwer stiebeuels laat hy nie in die slag bly nie!"

"Daar de officieren niet vlink met schrijven was, was ik hun groot te pos geweest als secretaris," vertel Jannie ons toe hy as sekretaris van vk. Karel Coetzee aangestel word. Ná drie maande aan die front is hy "ziek en vol" vir alles en hoogs verlig toe sy vrou vir hom 'n "substitute" stuur, 'n man met die naam van Christiaan Grobbelaar wat gewillig was om teen betaling van een koei en 'n kalf per maand tot aan die einde van die oorlog in sy plek te veg.

Geen tyd word gemors om die reis ten einde te bring nie, sê hy toe hy en sy broer Pieter "in een groot geest" terug huis toe vertrek. In hulle haas gooi hul die kar 'n hele paar maal om. Wat Jannie Geldenhuys betref, was sy oorlogspoging daarmee afgedaan. Hy wy hom aan sy boerdery, sy jong vrou en sy pasgebore dogtertjie. Toe die Engelse troepe 'n paar maande later Bothaville binnetrek, begrawe hy sy een geweer in 'n sloot en gaan lê met die ander wapen af. Maar vyf maande later vind ons hom, sy skoonvader, sy broer en sy vriende weer saam by Schoemansdrif aan die Vaalrivier. Hulle het deel uitgemaak van 'n groep van tweehonderd hensoppers, soos hy hulle noem, wat besluit het om weer die wapens op te neem. Hulle het toe saam met die kommando op die koms van De Wet sit en wag.

Hulle klere, netjies en heel, hulle versorgde hare en baard en hulle uitgeruste perde het hulle van die res van die burgers onderskei. Waaraan jy hulle egter die beste kon uitken, was hulle angstige, afwagtende houding tussen die ander wat lui, rustig, party vas aan die slaap, onder die bome rondgelê het. Ek kan my voorstel hoe die ou vegters vir mekaar die baarde getop het, hoe party tydsaam die rou vleis wat aan hulle uitgedeel is in dun stringetjies vir toutjiesvleis opgesny en aan die doringtakke opgehang het, hoe party net in hulle onderbroeke gesit en met seninggare skaapvelsitvlakke op hulle buitgemaakte kakiebroeke vasgewerk het. Daar sou party gewees het wat hulle skoene sit en lap, ander wat by die eetplekke op die kole meelkoeke bak, hulle gesprekke bedaard, hulle bewegings ongeërg. Hoewel Engelse kolonnes enige oomblik op hulle kampplek kon afkom, heers daar 'n onwêreldse kalmte, asof hulle honderde myle van die gevegsfront is.

Toe kom daar 'n paar perderuiters rustig aangery. Hulle klim tydsaam af en gaan by 'n ronde tentjie in. Die tweehonderd man staan op en bevind hulle deur honderde ander burgers omring. In die laagte is daar meteens spanning. Selfs die perde hou op vreet. Die gebulk van die menigte osse is vir die eerste keer hoorbaar, en die agterryers en touleiers kom aan die buitewyke hurk. Die tentflap gaan oop, en twee mans kom na die uitgespande waens aangestap: Marthinus Theunis Steyn en Christiaan de Wet.

Dit was Jannie Geldenhuys se eerste ondervinding van iets waaraan hy later heeltemal gewoond sou raak: hoe jy saam met De Wet trek. Jy weet nie waarheen jy gaan nie; die een oomblik vlug jy, die volgende veg jy. Snags sak jy 'n paar uur lank in 'n grasplekkie neer met jou perd se toom om jou arm en jou gesig teen die stomende saal. Lank voor dagbreek het jy 'n paar stukke koue pap gesluk en trek jy myle daarvandaan. Só gaan dit dae lank aan totdat jy ná een so 'n nag wakker word om te sien dat die son lankal op is. Die voëltjies sing, die perde wei, die burgers braai vleis oor oop vure, en daar is geen teken van 'n Engelsman nie. Dan weet jy: De Wet het vannag vertrek; die oorlog is met hom saam – tot julle oor twee of drie dae weer bymekaar uitkom.

Jannie Geldenhuys vertel dat genl. De Wet op 'n wa geklim en hulle toegespreek het. 'n Mens sien hom in die verbeelding met sy een hand agter die rug, die ander om die lapel van sy baadjie geslaan terwyl hy die tweehonderd hensoppers aanspreek wat hulle eed van neutraliteit verbreek het om weer saam met die Boeremagte te kom veg. Breek 'n mens jou eed en bly jy nog eerbaar? Maar, vra hy dan, wie het eerste die eed verbreek? Die hensoppers of die Engelse owerheid wat in ruil vir neutraliteit die beskerming van hulle persoon en eiendom beloof het en daarna tog hulle vee met geweld van hul afgeneem en hulle gedwing het om inligting oor verkenners en Boeremagte te verskaf...? So 'n owerheid het klaar die eed van neutraliteit aan sy kant verbreek. Hulle het in elk geval 'n eed gesweer waartoe hulle nie die reg had nie, aangesien hulle nog hulle vryheid en hulle eie regering het...

As iemand daarop bedag was om dit neer te skryf, kon hierdie "aanspraak" van genl. De Wet onder die grotes van die geskiedenis getel het, want pas 'n uur tevore het hy en die paar man by hom 'n halfuur te perd van die laer af die sekretaris van genl. Marthinus Prinsloo te woord gestaan. Hy het van hom die tyding ontvang dat die keur van die Vrystaatse kommando's wat hy 'n paar weke tevore onder veggeneraal Paul Roux agter die Rooiberge van Bethlehem agtergelaat het, hulle onvoorwaardelik aan die Engelse gaan oorgee het.

As genl. De Wet dus toe van Vrystaatse Boeremagte gepraat het, dan het hy die tweeduisend vyfhonderd verslete, verhongerde mans met hulle maer perde en lendelam karretjies om hom bedoel. As hy van "regering" gepraat het, dan het hy die ronde tentjie en die man met die rooibruin baard langs hom bedoel. Sy land was die afgebrande, geplunderde Boereplase; sy volk, hulle wat hy by die duisende in konsentrasiekampe sien sit het. As hy van "vryheid" gepraat het, het hy veertigduisend Engelse troepe gesien wat om hom van noord na suid langs die rivier beweeg om hom hier by Schoemansdrif vas te keer.

Of sou hy soos 'n Moses 'n toekomsblik van 'n nuwe vryheid vir 'n latere geslag gekry het? Sou hy sy land in die oestyd van 'n nuwe bedeling sien dra het? Ek glo nie. Christiaan de Wet was nooit bekend as 'n dromer en siener soos Niklaas van Rensburg nie. Hy was maar net groot: groot van denke, moed, en groot van liefde. Só het hy geleef en geveg tot hy sy rusplek gevind het in die kluite van die land waarin hy gebore is. Daarom kon hy so onwrikbaar en kalm daar staan en kon hy die vuur en geloof weer aansteek by 'n jong man soos Jannie Geldenhuys.

Daardie selfde aand het De Wet se kommando, verflenter en gerem deur honderde karre en waens, onder die neus van die Engelse kolonnes Transvaal toe na die Waterberge ontsnap.

Toe Jannie Geldenhuys maande later op Bothaville terugkom, was hy net so verflenterd as die res van die kommando, en die oorlog was in sy bloed. Hy vind sy huis afgebrand en sy vrou weggeneem Kroonstad toe, maar hy dink nie aan oorgee nie.

Op 'n dag maak 'n burger hom wakker: Daar is iemand wat hom wil sien, en toe hy uitgaan, is dit sy vrou Lizzie. Sy en haar skoonma het by die hoofprovoos De Bertodano 'n pas gekry om uit te ry, kwansuis om hulle mans oor te haal om oor te gee. Hulle het 'n stel nuwe mansklere vir hulle mans onder hul rokke aangetrek, so dik dat hulle op die klein oop karretjie getel moes word en met 'n muil en 'n ou afgeleefde perd uitgery het om nie weer terug te kom nie. Lizzie en Jannie se babadogtertjie het gesterf aan die slepende koors. Lizzie werk toe reeds maande in 'n kafee op Kroonstad om siel en liggaam aanmekaar te hou: Die oorlog was ook in haar bloed.

Sy bly daarna saam met 'n klomp ander vroue by die kommando, vlug in 'n perdekar solank die geveg duur en ontmoet die kommando later op afgespreekte plekke. Deur Engelse kolonnes, blokhuisdrade en spioene word hulle later in die loop van die Vaalrivier vasgedruk en maak hulle op 'n verlate plaas tuis. Die oorlogstryd raak ondergeskik aan die stryd om kos in die hande te kry.

Lizzie Geldenhuys vertel aan haar kleinkinders hiervan: "Ons klompie het toe rustig, maar, soos die spreekwoord toe was, veilig en onrustig op Tweefontein vir 'n hele tydjie vertoef, gedurig maar hard besig om mielies te laat maal, mieliekoffie te brand en ribbetjies vleis te probeer droogmaak vir dae wat ons op die vlug gaan.

"Dit is al die begin van Desember 1901 en vrugte word nog oral op plase aangetref wat ook al 'n baie groot item is waar groente onverkrygbaar is. Dit word soms so halfgroen gestowe en 'n bietjie heuning bygevoeg wat die mans baie voor rondgesoek het, somtyds in die skeure van rotse in die rivier of in gate in die grond. Ons het ook seep gekook van skaapvet en loogas. Brediestoele is uitgetrek uit die grond, want dit en ander onkruid groei toe ongestoord welig voort. Die bredie word dan drooggemaak en uitgebrand om die as te kry. Ook doringhoutas word dan in 'n emmer water gegooi en met dié loogwater kook ons die seep – sê byvoorbeeld op 'n groot emmer water word ten minste 'n halfemmer van die as ingegooi en as dit dan mooi afgesak het, word die loogwater gebruik, sê so vir vyftien pond vet. Gelukkig was daar 'n ou groot seeppot nog ongeskonde tussen die doringboompies weggesteek op die ou plaas. So 'n proses neem dae eer die seep reg is.

"Daar word natuurlik soms baie meer as tot loogwater berei eer die seep klaar is.

"Só was daar maar gedurig vir die vroumense baie werkies om te doen en ag, die omslagtigheid om dan elke middag laat die onklaar seep af te skep en in 'n groterige emmer te gooi, sodat dit kan koud word en met 'n paar sakke toemaak en alles so in gereedheid hou, dat as die vyand ons in die nag aanval, ons niks hoef agter te laat nie, ook nie eens ons halfgekookte seep nie.

"Ja, dan was daar nog ons eie wasgoed wat ons moes was.

"Daar was ook mans na Brandfort se soutpan gestuur – destyds weer veilig – om sout te haal. Dan word daar twee of drie karre en 'n klompie, ses of agt, perderuiters gestuur... Die sout was natuurlik nie bewerk en gesuiwer nie; dit moes maar alles ook haastig gaan – word opgeskraap en in sakke gegooi en daar trek die klein bende weer huiswaarts... Ag, ons is tog so bly om weer sout te kry, al is dit ook vuil en half vol grond, dan gooi ons dit in water en die vuil sak af en ons noem dit eersteklas."

Lizzie se jongste broer was heliografis by Gideon Scheepers en op 'n dag verras hy en 'n groep Vredefortse verkenners die vlugtelinge daar in die dongas. Hulle bly 'n tien dae daar by hulle. En wat maak hulle so saam? Herstel en was van klere sou 'n belangrike deel van die bedrywighede uitmaak, weet 'n mens, maar só vertel Lizzie van hierdie tien dae: "In my karkis had ek toe nog altyd die ou Globe-sangbundel, nooit daarsonder gery nie, en toe die Vredeforters daar is, stig ons 'n koor. Smiddae gaan elke groep die walle in en oefen sy deel en saans sing ons, sonder begeleiding, vierstemmig met diskant en die jong mans stel vir hulle debatspunte op en daar in die maanlig op die stoep redeneer hulle tot laat saans."

Ongelooflik. Vasgedruk en fyngekam deur die doringdraadheinings en soekpatrollies van die vyand, sing hulle die vyand se eie liedere vir hom vierstemmig en diskant, en terwyl die murasievure saans teen die horison gloei, debatteer hulle oor die wetspunte van 'n vrye gemenebes. Is dit 'n wonder dat die geskiedenis geloop het soos dit wel het?

Daardie Kersfees kan hulle nog "veilig en onrustig" saam deurbring, maar op 22 Februarie 1902 word hulle op 'n oggend deur die Engelse verras, en Lizzie beskryf dit só: "Ná ons 'n bietjie meer as drie weke alleen was, kom ons klein bende ons weer besoek, naamlik Pa Preller, ou Dad, Ernst en Martiens van Biljon, Frank Brewis met hulle twee karre en hulle ryperde, met die twee getroue swartes Aaron en Jonas nog steeds by.

Hulle koms was grootliks om vir ons weer 'n sak mielies met die skotskar te laat kom en ook om vir hulleself weer 'n bietjie sout en mieliekoffie te kry.

"Nou ja, vroeg voordag het Pa Preller self te perd uitgery, ver uit op die bult om te spioen. Ag, ek sien Pa nog in my gees toe hy ná twee uur terugkom en voor die huis die perd afsaal en kniehalter, 'n mooi appelblou perd. Ek was toevallig op die stoep, besig om ons oggendete, pap en vars melk, uit te skep.

"Ek bied hom toe eers 'n koppie vars melk aan. Terwyl hy die melk sit en drink, kyk Martiens van Biljon op van sy werk, waar hy weer aan hulle kindertjies se skoene sit en werk, en Martiens sê: 'Maar wie kom daar aan?' (Die huis staan in 'n kom, met hoë rante rondom, eenkant die Vaalrivier en aan die westekant op die wal van die rivier 'n hoë krans waar 'n diep kloof is.)

"Toe Martiens dit sê, was 't of 'n donderstorm op ons losbars. Ons hoor net perdepote klap en hier is hulle geen vyftig tree van die voordeur af nie. Ag, die magteloosheid en verwarring het almal aangegryp. Arme Pa hardloop deur die huis by die agterdeur uit reguit na die kloof, met die doel om hom daar te versteek, maar ag, voor hy veertig tree gehardloop het, storm 'n paar soldate hom en roep 'hands up' en toe Pa sy hande opsteek, trek een van die soldate los en die kruitrook brand Pa in sy linkerhand. Intussen het die ander soldate al van die perde afgespring en storm die huis in. Party is aan die roof – jy sien net hoe hulle vurke, messe en lepels in hulle 'putties' langs hulle bene indruk, maar so vinnig as wat hulle insteek, trek Kitty dit uit, so staan elke vroumens naderhand weer met ons eetgereedskap in die hande. Ons mansmense word in die stoepkamer laat gaan, met wagte voor die deur."

In die deurmekaarspul slaag Lizzie nog daarin om haar pa se tas met sy dokumente van die perdekar af te smokkel en die papiere in 'n ou verematras te versteek sodat die Engelse nie agterkom dat Preller 'n offisier is nie.

Die soldate visenteer die huis, en Lizzie vertel: "In die kamer waar Kitty en haar kinders slaap, was 'n plek in die grondvloer so los en sanderig en met haar vier kinders daarin het sy altyd gesê die kinders trap die vloer so los; dan smeer sy dit byna elke dag met grond en mis om 't netjies te hou, want al die slaapgoed lê maar op die vloer, geen katels nie. Die soldate begin met hulle bajonette rondsteek en nie lank daarna nie of hulle kom met hulle klein grafies wat aan hulle saals vasgegespe is en begin die grond weg te krap. Wat sal ons sien? 'n Groot lang kis – wakis – vol lakens en slope en handdoeke. En nog een, ja, albei toegewerk in sakke maar die tweede kis, julle sal nie raai nie, 'n doodkis. Daarin was die nodige swart materiaal in om die kis mee oor te trek, spykertjies, 'n lang wit linnenaghemp, 'n paar jaarts wit linne en 'n pakkie spelde.

"Natuurlik moes die kolonel besluit wat om met die linne, ensovoorts, te doen. Hy sê toe ons kan van die goed koop. Ek onthou goed die kussingslope kon ons teen een-en-ses elk koop, die dubbelbedlakens teen vier sjielings en die handdoeke ook teen een-en-ses. Ons was toe ook maar baie bly oor die pryse en Pa Preller gee my toe twee pond en sê: 'Kind, koop vir jou van die goed, jy sal 't later baie nodig kry.'

"Ek het vir my van die lakens, slope en 'n hele paar handdoeke gekoop en die ander geld gebêre, wetende dat ek 't ook seker sal nodig kry. Kitty het toe van die swart materiaal, naghemp en balans van die slope en lakens gekoop. Jy vra wat van die doodkis geword het? Wel, dié en ook die kas het die troepe aan klein stukkies gekap, en agter op hulle saals vasgebind.

"Toe die kolonne met hulle mans vertrek, het Kitty gesê: 'Maar kom ons sing hulle in Engels toe: God be with you till we meet again!'

"Liewe kinders, dan is dit wanneer die Liewe Heer jou die krag en genade gee om uit volle bors so moedig te kan sing. Wat ook waar is dat ons sê, en dit is dat die kolonel, Colleton, met alle eerbied sy manskappe laat stilhou het; algar eerbiedig hulle helmets afgehaal het en ná ons klaar had, saluteer hy en sy manskappe en daar trek hulle. Toe die laaste twee soldate by ons stadig verbygaan, sê een: 'Thank you ladies, but such a pathetic scene I've never experienced.'"

Die vroue bly verlate agter, maar so eindig Lizzie hierdie inskrywing: "Terwyl ons nog so droewig sit en peins en ons lot betreur, gaan Kitty aan lag. 'Ag,' sê sy, 'julle het nie die grappige deel van die toneel vanoggend raakgesien nie. Terwyl die troepe so in die huis rondsnuffel en ons die messe en vurke uit hulle putties haal, is ek hard besig om 'n ander toneel dop te hou. Die arme ou Frankie Brewis het 'n swart broek wat hy as sy beste besitting beskou, en dit was agter op sy saal met 'n stukkie seiltjie vasgemaak. In die gewoel het hy gou die pakkie gaan kry en is hard besig in die voorhuis in 'n hoek en probeer om die broek bo-oor die ander een aan te trek om dit te probeer behou, en ag, hoe meer ou Frankie probeer om die broek aan te kry, hoe meer skop hy in die middel van die broek vas – van skone angs het hy bewerasie. Eindelik ná 'n lang gesukkel het hy tog die swart broek aan, maar toe hy eindelik regop staan, toe staan daar 'n paar soldate rondom hom en skater uit van die lag.'"

Die mans is eers na Bothaville en daarna met molwaentjies na Kroonstad geneem. In die strate word hulle deur sogenaamde vriende uitgejou, maar "een ding wete ik, God slaap niet. Zoodanige stukken word ook in Zyn dagboek opgeteeken," daaraan troos Jannie Geldenhuys hom.

"Het tronk welk wy in verkeer (te Kroonstad) waren aller ellendig. Wy waren 52 in een vertrek, er was luizen gelyk mieren in dat plaats. De tyd korting die wy daar had, was gedurig om luizen te zoeken het welk wy in groote getallen vonden."

Van Kroonstad af word hulle Bloemfontein toe gestuur, dan weer terug Kroonstad toe en dan na Durban, altyd in oop kooltrokke.

Op elk van hierdie oorstappunte word hulle die keuse gestel om parool te teken, in welke geval hulle na Groenpunt se kamp gestuur en daar vrygelaat sou word, mits hulle onderneem om nie na die oorlogsfront terug te keer nie.

Jannie sien vir die eerste keer in sy lewe die see en 'n skip ... Hulle teken nie parool nie en hulle word na Indië gestuur. Op see oorval 'n storm hulle en binne-in die ruim vasgedruk, sterf daar twee burgers. Hy beleef die afgryse van 'n seebegrafnis.

In Indië word hulle weer die keuse van 'n parool aangebied. Dié wat dit teken, word na die koeler bergstreke by Bhimtal gestuur, dié wat weier, bly op die versengende vlakte van Umballa, "to sweat for your fatherland," sê die wagte sarkasties.

Jannie, sy skoonvader en sy vriende bly saam met honderde ander op die vlakte as laaste loopgraaf teen die oorheerser agter. Tot sy diepste vernedering vind Jannie dat sy eie vader en sy broer Pieter hierdie uiterste beproewing nie kon deurstaan nie: Hulle teken vir die koel bergkamp by Bhimtal.

Jannie Geldenhuys het onderwyser geword op Umballa. Hy het van die oefeningboeke wat aan hom toegesê is, geneem en met 'n stomp potloodjie begin skryf: "Op 3de October 1899 in de avond kwam de commandeerman en commandeerd myzelf en myn vader A.M. Preller ..." Dié deel van die oorlog wat binne sy beskeie gesigsveld geval het, het hy te boek gestel. Hy doen dit stiptelik en presies en sonder haat of sentimentaliteit. Hy kon op daardie oomblik nie weet watter plek dit in die geskiedenis van sy volk sou inneem nie, hy kon nie eens gis oor hoe dit sy eie lewe sou beïnvloed nie.

Een dag ná die ander gaan verby, en wat kan daaroor berig word? Hy skryf oor die armoedigheid en agterlikheid van die inheemse bevolking, oor die Engelse wat die Sabbat ontheilig deur barakke te messel, oor die kos wat hulle moet voorberei, die siekbeddens, die enkele briewe wat hulle vanuit die vaderland bereik, die tekste en preke op bidure en kerkdienste, begrafnisse, portrette wat afgeneem word, aandenkings wat gemaak word en immer en altyd weer oor die versengende hitte, die sandstorms, die verlange na die dierbares tuis.

Hy skryf in die vereenvoudigde Nederlandse skryftaal van daardie tyd, 'n besonder skoon, versorgde styl en talle lank vergete uitdrukkings en maniere van stel, kom soos die reuk van die goeie aarde na die leser van vandag terug. 'n Mens beleef weer die besondere krag van die sterk vervoeging van die werkwoord in sinne soos: "wy vroeg om water", "wy ging van daar de ander dag se morgen".

Toe hy gevang is, het die Engelse offisier hom sy broek en skoene laat uittrek en só deur die hoofstraat van Bothaville laat marsjeer, "het welk ik deed tot vlyd van de Africander!" sê hy.

Daar is mooi ou segswyses wat in die genadelose afskil na Afrikaans vergeet geraak het: "half na negenuur" vir halftien, 'n "aanspraak" vir 'n toespraak, "bereid maak" vir gereed maak, "dit val my aan de beurt" vir dit is my beurt, "vortgaan".

As die skrywer oor dinge skryf wat binne sy ervaringswêreld lê, gebruik hy die "k"; as dit vir hom vreemd of deftig is, die "c". Alles aangaande die spoorweë wat in daardie stadium 'n nuwe ontwikkeling vir die Afrikaner was, kry die "c", soos "compartement"; aangaande die militêre stelsel: "commandant", "escort", "veldcornet". Hy praat van "circus", "ceremonies" en "courante", en dit is amusant dat hy met sy taai gestel ook van "medicyne" praat. Engelse woorde word tussen hakies geplaas, want hy voel hulle pas nie in sy taal nie.

Aanskoulik is die oefeningboeke waarin Jannie sy dagverhaal opteken. Daar is volbladgravures van Haar Majesteit koningin Victoria, "the Queen of England and Empress of India" op die voorblaaie, kunstig met blom- en blaarpatrone omlys. Die feit dat die boeke ten spyte van die patriotiese opset tog in Oostenryk gedruk is, bewys dat die magtige Engelse handelsryk selfs in daardie glorieryke tydperk sy beperkinge had.

Weke voor die sluiting van die vrede is die voorwaardes daarvoor in die krygsgevangenekampe bekend, en is hulle seker dat geen Boere-"officier" dit sal teken nie. Toe dit eindelik vrede is, besluit hulle in Umballa om dit nie te teken nie. Hulle bly halsstarrig wag, maar niemand vrá hulle om dit te teken nie! Dae, weke gaan verby, en nog vra niemand hulle om te teken nie. Ontstoke en verbitterd moet hulle eindelik gaan soebat om dit te teken sodat hulle huis toe kan gaan. Boere wat geld het, gaan op eie koste terug, daarna dié wat parool geteken het en daarna moet die res hulle beurt afwag. Die boere wat winkeltjies gehad het, verkoop dit uit, almal probeer besittings in geld omsit.

Jannie Geldenhuys se dagverhaal ondergaan 'n opflikkering: Hy skryf breedvoeriger, opgewekter, veral toe die brief hom bereik waarin hy verneem dat sy vrou in die Kroonstadse konsentrasiekamp geboorte gegee het aan hulle tweede kind, klein Oubasie.

Hulle kan nou vrylik in Umballa rondbeweeg en woon 'n Hindoestaniese begrafnis en 'n Oosterse sirkus by; hy maak vriende met die weduwee wat die hotel bestuur. "Ik kryg een cab van de statie naar de kamp, het was nog donker, ik kwam voor de kamp hek en een van die wachten riep hard uit: 'Holt. Who is there?' Een ogenblik wis ik niet te antwoord, maar het kom my te binnen en ik zei: 'Vriend,' en hy zei: 'Pass friend, all's well.'

Ongelooflik. Dit is reeds Oktober, en nog is hulle in Umballa. Tot vier keer toe het hulle met hulle bondeltjies tot by die kamphek gevorder en vier keer is die reëlings gekanselleer. Die reëntyd breek aan, dit sous in die tropiese hitte, hulle word siek, sat, gevegte breek uit, die vrede word 'n bespotting, die vaderland 'n droomlandskap.

Daar is Jannie se skoonvader Abraham Preller, een van die stigters van Bothaville, vrederegter, kerkraadslid, dorpraadslid. Op sy plaas is sy indrukwekkende woning afgebrand, hy besit nie 'n bees of 'n skaap of 'n wa of 'n kar nie. Sy jong vrou was van vroeg in die oorlog in die Kroonstadse konsentrasiekamp. Hulle jongste dogtertjie is net soos Jannie se oudste daar dood. Nou is sy vrou lank reeds uit, daar is honderde jong mans wat van die slagveld af kom, sy skryf hoe hulle saam help om hawelose kinders te versorg, klere te prakseer.

Die klammigheid deurtrek elke vesel van sy liggaam, hy kry rumatiek, water op die knie, hy teer weg tot 'n skaduwee van die man wat hy was. Hy worstel in die gebed, hy hou bidure, hy peins ...

Ernst van Biljon, Jannie se vriend, die groot sterk geboude man met die vos snor, moet weke lank in die hospitaal bly. Sy tand wat die Engelse dokter ná vyf genadelose probeerslae nie getrek kon kry nie, versweer, en die kwaad versprei na sy oor. Snags lê hy swetend van pyn in die lanternlig op sy ysterkateltjie. Hy is al van sy hele familie wat oorgebly het. Sy vrou en twee van sy kinders is in die Brandfortse kamp oorlede. Die brief wat die tyding vermeld, het sy enigste oorlewende seuntjie, 'n kind van twaalf jaar, vir hom geskryf. Sy broer Martiens het in Umballakamp gesterf. Ernst moes hom van 'n Engelse kanonwa af na 'n sandgraf dra. Martiens se vrou, die vrolike Kitty wat so argeloos van die lanfermateriaal uit die doodkis gekoop het, is 'n paar dae voor die vrede aan longontsteking dood toe sy beskuit vir haar kinders in die Klerksdorpse konsentrasiekamp wou bak. Haar vier kinders was iewers by mense in Pretoria.

Jannie Geldenhuys skryf lang briewe aan sy "dierbare Meidje" en sy pasgebore seuntjie, maar hulle is duisende myle van hom af. Daar kom 'n hopeloosheid in sy dagverhaal. Hy gee nie meer noukeurig aan watter tekste gelees en psalms gesing word nie, hy raak nie meer welsprekend oor die Engelse se Sabbatontheiliging nie, hy raak nie meer sarkasties oor Afrikaners wat hulle in die vreemde met drank "misdraag" nie. Hy dwaal deur die dorp se strate, hy loop, hy ry met perde, met treine, met olifante, hy verdwaal, hy gaan na Indiese basaars en krieketwedstryde, hy woon Engelse danspartye by, hy gaan Sondae by die hotel se weduwee eet. Hy ontvang geskenke van haar, sy taal raak deurspek met Engelse woorde en hy plaas hulle nie meer tussen hakies nie.

Ses maande ná die vrede kom hy eindelik op Kroonstad aan om sy vrou en seuntjie by vriende op die dorp te gaan opeis. Hy het nie 'n skaap of 'n bees op sy naam nie, hy is vyf-en-twintig jaar oud, maar het dubbeld soveel jare geleef.

Saam met sy skoonpa begin hy 'n plaaswinkeltjie. Hy en sy vrou het nog drie kinders wat niks van die rampe en ellende weet nie en stadig maar seker boer hulle vooruit. Jannie Geldenhuys word 'n gesiene boer, 'n steunpilaar van kerk en staat en verlaat nooit weer sy plaas nie. As kosbare besitting hou hy die dagboeke wat hy in Umballa geskryf het, 'n album met kiekies en uitknipsels oor Indië wat nie in sy eie handskrif genoteer is nie. Hier en daar is die onderskrifte gekleur met meer as blote feite. Miskien het hy dit as afskeidsgeskenk ontvang van iemand wat meer as 'n blote kennis was, want wie sal ooit weet hoe diep en wyd die oorlog in Jannie se gemoedslewe geslaan het.

Troufoto van Johanna, dogter van oom Joseph du Plessis, en kommandant Theunissen kort ná die Anglo-Boereoorlog. 'n Gedeelte van die Rietfonteinteelkudde het hulle toegeval en hulle seun Johan het met die telery voortgegaan.

Oom Joseph du Plessis met sy kleinseun Johan Theunissen op sy skoot.

Die Britse opmars deur Kroonstad se strate.

'n Bedrywige militêre toneel in die Kroonstadse drif tydens die Anglo-Boereoorlog.

Waarskynlik die enigste outentieke foto van die beroemde oermoeder, Pampelmoes die Eerste, van die Joseph du Plessis-kudde. Pampelmoes was hier reeds 'n hoogs bejaarde koei. Fotograaf: A. Weber

Só het Jannie Geldenhuys die rousteengrondvloer-"bungalow" waarin hulle later oorgeplaas is, voorberei vir die foto. Ernst van Biljon lê links, Jannie is in die middel en sy skoonvader Abraham Preller lê regs met sy rietwaaiertjie in sy hand.

Genl. Christiaan de Wet in Augustus 1921.

Op die stoep van genl. De Wet se woning.
Van links na regs agter: E. van Wyk, sen. Serfontein, Eugen Cress en dr. Pauw; voor: genl. Rautenbach, genl. De Wet en mev. De Wet.

'n Uitsig op genl. De Wet se plaas Klipfontein, van die stoep af.

Genl. de Wet se woning.

Mev. en genl. De Wet saam met besoekers op Klipfontein se stoep.

Die handgeskrewe onderskrif by hierdie foto in 'n ou albumpie lui: "Genl. Rautenbach tel 'n Mauser patron op voor die stoep en sê: Ik wonder of Genl. De Wet weer wil Rebellie maak."

Onderskrif in 'n ou album: "Genl. Rautenbach besig met een grap."

Genl. de Wet se besoekers in hul motor op pad terug huis toe (Augustus 1921).

Genl. Christiaan de Wet en sy eggenote, Cornelia (geb. Kruger) ongeveer 1905.

Lord H.M. Kitchener, opperbevelhebber van die Britse magte tydens die Anglo-Boereoorlog.

Nasionale Vrouemonument waar pres. M.T. Steyn in 1916 en genl. De Wet in 1922 ter ruste gelê is.

Basie

Ek kon die hond van die begin af nooit verdra nie. 'n Mens hou glo baie van boelterriërs of jy verdra hulle nie. Toe my man die klein dikpensding met die plat kop en die reptielgevreet hier aanbring, kon ek niks vir hom voel nie. Sy geslagregister was lank, sy koopprys hoog en sy maniere nie die slegste wat ek al gesien het nie, maar tog. Miskien het ek gevoel dat hy nie ekstra liefde nodig het nie, hy en sy baas was so klaarblyklik in hulle skik met mekaar.

Dit het nie by onverskilligheid gebly nie. Hoe groter hy geword het, hoe minder het ek van hom gehou. Groot honde hoort nie in die huis nie, glo ek. Al sleep hulle hulle baas se ou trui uit die kas en gaan daarop lê en slaap, dan vermurwe dit nog nie my hart nie. Ek het hom uit die huis verwilder net waar ek hom sien. Die gewone huishond kom gou agter wat jy bedoel en 'n verstandhouding ontwikkel tussen jou en hom. Binne die drumpel is jóú huis, buite die drumpel is syne. As jy nie daarvan hou dat hy in jou huis kom nie, hy is nie snaaks oor syne nie; jy is welkom daar. Maar so was hierdie boelterriër wat ons ewe naïef "Basie" gedoop het, nou nié.

Hy het die feit dat ek hom uit die huis uitjaag, soos 'n mens opgeneem. Hy het hom vererg daaroor; moedswillig, kwaadwillig en later heeltemal verbitter daaroor geword. As ek naby hom verbyloop, sou hy opstaan, kil opsy staan tot ek verby is en weer gaan lê. As ek hom verjaag, stap hy waardig en woedend en op sy tyd by die deur uit. Ek het hom probeer skop om hom aan te help, maar om kaalvoet 'n boelterriër se staalharde agterstewe raak te skop, is om jouself leed aan te doen. Ek het met my man gepraat oor die hond. Hy móét geleer word om buitekant die huis te bly. Hond en baas het hulpeloos na mekaar gekyk en die baas het daarna halfhartig probeer, maar dit het my taak gebly om hom van stoelkussings en matte te verjaag, en hy het nog afkeriger na my gekyk as ek by hom verbyloop. Toe al reeds wou hy nie kos eet as ek dit vir hom neersit nie, en hy het my verder beledig deur dit van die bediende aan te neem.

Só het dit gebly tot hy reeds 'n groot uitgegroeide hond was. Toe kry ek eendag 'n fyn geweefde sydeken vir ons bed, 'n besonder mooi ligte een. Op 'n dag staan ek in die deur: Sy modderspore lê oor die dwarste van die bed, tot teen my man se kussing, en daar lê hy soos 'n kat op die deken opgekrul. Ek kry my stem terug, skel en raas en storm die kamer binne. Miskien was dit die onverwagsheid van my aanslag, ek weet nie. Hy rys op, trek hom inmekaar soos 'n groot leeu wat wil spring, trek sy lippe terug en grom diep uit sy keel. Oomblikke staan ons mekaar vas en aankyk. Toe draai ek om. Nou is die oorlog openlik verklaar. Ek wag hom soggens met 'n hark by die voordeur in en verwilder hom as hy naby die deur kom en ek beskinder hom by sy baas oor hy my bolle uitgraaf en bekla my lot by almal wat wil luister oor die onbruikbaarheid van boelterriërs.

Die deur van sy baas se studeerkamerrondawel wat so getrou teen die katte toegetrek word, het toe begin oopstaan en hy het permanent op sy baas se reënjas agter die deur ingetrek. As enigiemand behalwe sy baas op die drumpel trap, grom hy; ons kan net die vertrek aan die kant maak as sy baas hom eers uitlei. Ek het sy baas sy bewonderaar gegun en hom nie verder vertoorn nie, en so kon ons jare lank langs mekaar, maar uit mekaar se pad uit, oud geword het, Basie en ek. Maar daar was iets in die groot beduiwelde hond wat sterker as hy self was en eindelik sy ondergang bewerkstellig het. Dit was sy drang om met iemand veldin te stap en ál mens wat myle ver in die veld gaan stap het, was ek, sy vyand.

Middag vir middag as ek die tuinpaadjie afstap – en hy het so goed geweet ek gaan nie net groentetuin of hoenderhokke toe nie – elke middag het ek hom sien veg teen sy weersin en sy wantroue, sien inmekaarkrimp teen die lus om eindelik geluidloos soos 'n kat by my verby te streep en voor ek nog 'n koers inslaan, dit reeds te vermoed en die pas aan te gee. En altyd het ek my weer verwonder oor die lenigheid en ratsheid van sy swaar spiere en so alleen met hom in die veld gewonder of ek nie tog op grond van die een mooi ding wat ons deel, 'n nuwe verstandhouding met hom kon opbou nie. Ek en hy ken mos albei die heerlikheid wat die skaterlag van die veldkorhaan tussen die beukesbossies en die goue asemhaling van die saadgras in jou wek. Ons weet mos dat jy kan mal word van die brak reuk van die rivierslote en die piets van die biesiepolle om jou heupe en ons het al albei na die kosbaarheid van klein krappies tussen die spoelklippies staan en kyk en die yslike weemoed van die stil bleshoenderkuile stroomaf aan ons lyf gevoel. Dit is net ek en hy wat weet dat hierdie dinge sterker as gewone liefde of haat kan wees.

Maar net so gereeld het ons mis op hierdie uitstappe geskeur geraak, want meteens sou sy egalige draf ineengedronge raak, sou hy wild en woes die veld agter 'n reukvlaag aan instorm. Kort daarna kom 'n trop skape paniekbevange by my verby gedruis, met 'n bruin duiwel wat na hulle flanke hap, repe wol uitskeur, dit hoesend uitspoeg en hap en skeur, en niks, niks kon ek doen om hom tot besinning te bring nie. Ek kon my hees skree, ek het baie keer agterna gehardloop tot my longe wou bars, maar ek kon hom nie inhaal nie. Ander kere was dit beeste. Dié het hy makliker as skape aan die neus gevang en op die knieë gedwing. As ek hom inhaal, skop ek hom en steek my vingers in sy klein krokodilogies en trek sy ore uit lit en vat 'n klip en moker hom oor die kop daarmee, maar nooit kon ek sy kake oopkry nie. Mislik van woede en frustrasie en op die een of ander manier ook skuldig, los ek hom later net daar en haas my huis toe om sy baas te gaan roep. 'n Melkkoei se hele uier het hy op 'n keer uitgeskeur, 'n kalf se onderkaak vergruis, talle skape tot bloedige lebbe verflenter. Ons het rusie gemaak oor Basie, ernstige rusies. Dis mos jóú hond en dis jóú skape en jóú beeste, wat gee ék om? Maar ek gaan nie my lopery smiddae laat staan net oor hy hom nie kan gedra nie.

"Maar," pleit hy dan, "moet hom nie saamneem nie."

"Hy het my nog nooit gevra om saam te gaan nie. Hy maak soos hy wil, jy leer hom mos nie."

Eindelik het sy baas hom smiddae begin toesluit in die rondawel. Hy het 'n vensterraam stukkend gekou en deur die ruit gebreek agter my aan. Sy baas het diefwering, wat hy lankal wou, voor die venster laat sit en probeer onthou om hom toe te sluit. As ek dan laat die agtermiddae terugkom, met taaibosstingels in my trui en klitsgras aan my skoenveters, staan hy my langs die stoep en aankyk; nie na my gesig nie, net na my voete.

Partykeer kon ek dit eenvoudig nie help nie, dan stoot ek self die rondaweldeur vir hom oop voor ek veld toe loop en hoop dan maar vir die beste. Die slegste het gewoonlik daarna self gevolg, want hy kon homself eenvoudig nie keer nie.

Op so 'n dag, dit was 'n yskoue, winderige dag in die middel van die winter, stap ek langs die spruit met hom deur die dikgematte wit gras, ewe rustig, en ek dag nog dit gaan een van ons suksesvolle uitstappe word. Meteens egter weer 'n wilde vaart, 'n gedruis van hoewe en benoude brulle en ek raas en skree by voorbaat. Jy het dit nou net een keer te veel gedoen, dink ek vasbeslote. As jy nie weggegee word nie, vat ek jou persoonlik, die Liewe Vader alleen weet hoe, na 'n veearts om jou te laat doodmaak. Jy vang nie nou 'n bees nie, jy vang jouself. 'n Klomp jong beeste bars by my verby, spring by 'n wal af en vlug langs die diep waterkuil met die spruit se loop langs. Agter hulle aan, ook voor my verby, kom Basie, maar in sy vervaardheid het hy nooit opgelet hoe naby die wal hy is nie. Hy loop in volle vaart oor die wal, gee komieklik nog 'n paar tree in die niks en stort dan in die waterkuil, 'n goeie tien voet ver die water in.

Dit sal jou leer, dink ek selfvoldaan. Ek staan onbarmhartig en kyk hoe hy soos 'n klip sink en onder waterwarrelings eindelik weer spieël bereik. Hy krap pateties met sy voorpote en sink weer. Hy kom weer op, hap na asem en sink weer, en ek besef meteens dat die hond besig is om te versuip. Ongelooflik! Ek dag enige dier kan instinktief swem, maar hier veg die fris geboude ellendeling onmiskenbaar sy laaste geveg. Ek kyk terug huis toe, ek roep, maar niemand hoor my nie. Ek wil wegdraai, want ek voel my in geen opsig aan sy toestand aandadig nie. Of voel ek wel? Toe ek my kom kry, het ek die wal afgespring, my skoene uitgeskop en loop ek met klere en al die yskoue water in. Dis dieper as wat ek gemeen het; ek moet dadelik swem. Ek kry hom beet, maar dit gaan moeilik. Hy spartel waansinnig en is so glad soos 'n paling. Sy skerp toonnaels klief my voorarms oop. Ek is stokflou toe ek hom eindelik teen die wal uitstoot. En ek is so kwaad, ek skop hom nog so met die uitklim in sy lies. Ek gooi 'n klip agter hom aan toe hy die een enkele keer in sy lewe bedeesd met sy stert tussen die bene wegslinger. Ek moet 'n goeie myl in die snerpende koue terugloop huis toe en ek werk myself in 'n histeriese toestand voor sy baas op.

"Hy kon my laat verdrink het, die misgewas," huil ek, en hy lyk nie so ontsteld by die gedagte as wat 'n mens sou kon verwag nie. Dalk het hy gewens dit moet gebeur, maak ek myself wys.

'n Rukkie later kom die groot bruin ondier by die voorhek ingesluip. Hy bly staan toe hy my sien, daar kom iets in sy oë asof hy wil praat, maar ek snou hom dreigend toe in die enigste taal wat tussen ons bestaan: "Voetsêêk!" en hy glip verby na die rondawel.

Daarna het my man vir die eerste keer vasberade probeer om sy hond te beheer. Hy het hom aan 'n paal by sy hok vasgeketting en smiddae as hy tyd het, 'n draaitjie met hom aan die ketting gaan stap. Ek het die hond se oë vermy wanneer hy van hierdie vernederende uittoggies terugkom.

Belangriker sake het gemaak dat die uittoggies al minder en minder geword het. Die hond het vet en lomerig en half kruppel geword. Hy het brandsiek aan sy dik neus gekry en uit verveling sy oor teen die paal stukkend geskuur. Hy was 'n swak waghond, want vreemdes kon oor die werf heen loop sonder dat hy ons waarsku en hy was tevrede as die bediende sy kos met die voet na hom oorstoot. Partykeer het ek sy ketting hoor ratel as ek veld toe loop en by die hek getwyfel en maar altyd weer laat staan.

Toe, op 'n oggend merk ek deur die kombuisvenster dat hy nie daar is nie. Ek gaan kyk. Die ketting het by 'n swak skakel gebreek en hy is weg, veldin natuurlik. O, ons sal weldra die verwoestingspoor oor die telefoon verneem, dag ek. Seker oral skape verskeur waarvoor ons skadevergoeding sal moet betaal. Ek roep sy baas en ons staan dit nog en bespreek – rustig nou want ons maak lankal nie meer rusie oor Basie nie – toe ons hom sien aankom. Hy draf-slinger stadig na ons toe aan.

Daar is iets verkeerd met hom, ons merk dit dadelik. Hy kom aan, en dit is van alle mense na my toe wat hy ondubbelsinnig kom. Hondsdolheid, dag ek en tree terug, maar nee, ek het al tevore gesien hoe honde lyk as hulle strignien in die veld optel. Hy is vergiftig en het met sy laaste kragte hierheen aangesleep. Hy kom druk teen my aan en ek voel sy groot lyf beef. Ek kniel by hom en sit my arms om hom en dieselfde gevoel van selfverwyt en berou soos ná groot, verkeerde beslissings in 'n mens se lewe, oorval my hier by die stom dier. Ek sou dit vir hom wou duidelik maak: Ek kon nie help nie, ek kon nie help nie, jy was te veel soos 'n mens. En miskien was dit verbeelding, maar vir my was dit asof ek in sy oë kon lees: Ek kon ook nie help nie, ek kon nie help nie, jy was te veel soos 'n hond. En so sit ons vas teenmekaar tot die dood hom kom vat.

Bul van Afrika

Wie was Bart Krog? Oos-Vrystaters krap die kop as jy hulle dit vra en weet haas nie waar om te begin as hulle hom vir jou wil opsom nie. Dis die man wat nie gehou het van die manier waarop die Vrystaatse Administrasie die grootpad tussen Senekal en Ficksburg gemaak het nie, dit afgespan en toe verlê het soos hy gemeen het dat dit wenslik en prakties was. Die pad loop vandag nog so. Dit is Bart Krog wat die Rebellie in Senekal begin het; Bart Krog wat toe hulle hom op 'n formele geleentheid voorstel by die heer Beest van Andel, toentertyd Weesheer in Bloemfontein, die hakke teenmekaar geslaan, geknik en koel gesê het: "U is Beest van Andel. Ek is Baasbul van Afrika!"

Ek het niks van hierdie dinge geweet toe ek in die familie ingetrou het nie. Hoewel Senekal en Kroonstad net sestig myl van mekaar lê, verbaas 'n mens jou oor hoe ver die twee distrikte in samelewing en lewensbeskouing van mekaar verwyder is. My pa het my altyd gewys hoe die pad van Kroonstad na Ventersburg heeltyd opdraand tot by die groot ou kareeboom net buite Ventersburg loop. Hiervandaan begin die hoë tafellande wat oos- en suidooswaarts op die Drakensberge uitloop. Van hier af ooswaarts aard 'n Afrikanerbees nie meer so goed nie, is dit kouer, is die gras anders en, so het hy geglo, is die mense ook anders. Dit het altyd ewe seer – om die waarheid te sê baie meer – van Senekal se kant af gegeld. Hulle het op hulle beurt geglo dat mense wat laer af as die kareeboom by Ventersburg woon, slordige boere is, opruiers, moeilikheidmakers sonder vastigheid of ankers. Hulle het gelag vir ons treurige perde, ons werkers se swak maniere en ons ongeletterde uitspraak van die Basothotaal. Kortom, as 'n gemiddelde Vrystater in een van die ander provinsies kom, sal hy homself voorstel as 'n Vrystater en dan die naam van sy tuisdorp noem; die Senekaller sal met die allerdiepste waardigheid sê hy kom van Senekal en dit tien teen een nie nodig vind om aan te dui in watter provinsie die dorp lê nie. Dit sou my nie verbaas as die laaste tolhekke in die Unie dié was wat Senekal van die res van die Vrystaat geskei het nie.

Ek noem die dinge nie om die ongelykheid in my huwelik te beklaag nie, maar 'n mens moet iets van die Oos-Vrystater en die Krogs weet om die oproerige rol van ons veraf oom Bart ten volle te waardeer. Dan verstaan jy ook hoekom almal hom altyd soos 'n kruitvaatjie hanteer het, die nek in, die hoed oor die oë getrek wanneer hulle hom teëkom, nooit wetende van watter kant sy aanslag hulle gaan tref nie. As Bart Krog 'n grap ten koste van jou maak, het hy dit in 'n stampvol kafee gedoen in 'n stem wat teen die rant vasslaan. Rusietjies waarvan selfs die wyksouderling nie weet nie, sal hy op die vendusiebankies ten aanhore van almal op die lappe bring, albei standpunte uiteensit en persoonlik die handdruk van versoening verseël – waaruit afgelei kan word dat hy nie 'n gebore Senekaller was nie.

Die Krogs het maar eers in die negentiende eeu uit Skandinawië na Swellendam gekom. Hulle was mense wat dinge kon prakseer, paaie en tonnels en wette en inflammasieolie en mieliedorsmasjiene, maar vir my is die opvallendste eienskap van my skoonfamilie hulle imponerende uiterlike. Die Krogs het styl. As hy een pak klere het, sal 'n Krog dit dra asof dit met die hand gemaak is van Harris Tweed – en bes moontlik is dit dan presies wat dit ook is. As 'n Krog-vrou by 'n restaurant instap, kom die bestuurder haar self tegemoet, want hy glo dat haar mantel van Swakara en haar juwele verassureer is – en hy sal dalk gelyk hê. Ek het al bottels koekemakrankabrandewyn, eerste uitgawes van digbundels, handgehekelde bedspreie en uitnodigings na Bosveldplase gekry alleen om die sjarmante, gedistingeerde uiterlike van my persoonlike Krog aan my sy.

Hulle is mense wat muntstukke en seëls versamel en het al hulle familiegeskiedenis te boek gestel in die tyd toe ons "by-laag" met 'n "ij" geskryf het. Hulle voer dit onder andere terug na 'n groot ou vrouefiguur, Gina Krog, wat in Noorweë veel met die emansipasie van die vrou te make gehad het. Ek het altyd gemeen dat as my vyfde kind 'n dogter is, ek haar Gina sal doop, want ek het self 'n hele paar dingetjies vir die vrouegeslag in gedagte. (Dit was toe 'n seun wat as Jalie geëindig het, die Sesotho vir "die einde, die finale", en so nog 'n glorieryke moedersdroom geprik het.)

Baie Krogs het verengels, maar Bart Krog nie. Hy het met 'n koue besetenheid Afrikaans geword.

Gedurende die Anglo-Boereoorlog het hy baie onheile in Oos-Kaapland gestig, pro-Boertoesprake gehou en koningin Victoria in die openbaar beledig. Net voor hulle hom as Kaapse rebel kon vang, het hy sy goed gepak en Vrystaat toe getrek en daar om burgerskap aansoek gedoen – 'n hoogs individuele vorm van beskerming waaraan niemand anders op daardie tydstip gedink het nie. Hy het vir hom 'n plaas in Senekal gekoop, tot die dag van sy dood tussen die Senekallers beweeg soos iemand op langverlof en 'n onmisbare deel van die samelewing geword. Hy was 'n mooi en, alhoewel korterig, 'n imposante mens, altyd tot in die fynste versorg met goue mansjetknope en onderbaadjieknope van robyn. Op enige samekoms was hy in die oog lopend en volkome meester van die situasie. Sy huishouding het hom bedien en verafgood, was trouens verplig om dit te doen. Hy het sy eie sout- en peperpotjies, sy eie suikerpotjie en melkbeker gehad. Hy het vir niemand kos gevra of aangegee aan tafel nie.

Selfs teen iemand soos ou mevrou Pagel, die eggenote van die bekende sirkusbaas, was hy opgewasse. Almal wat in hulle kinderdae gaan toustaan het om 'n sirkusvertoning by te woon, sal mevrou Pagel se skrikbewind onthou. Klein, met rooi geverfde hare, vir die arena gegrimeer en in satyn uitgevat, het sy die kaartjies verkoop. Mevrou, so het dit soms gelyk, was sorgeloos met die uitkeer van kleingeld. Haar stelsel was 'n bietjie van alles: 'n paar pennies, een of twee sikspense, 'n sjieling en niks meer nie. As jy sirkus toe kom en meer kleingeld as dit wil hê, is jy baie laat. As jy protesteer, is dit reg in haar kraal. In 'n mengeling van tale en idiome, aangeleer op die saagselringe van baie lande, het sy jou afgesnou en uitgejou en ten aanhore van die hele sirkustou na die duiwel gestuur. Sy het met arendsoë oor die vertonings gewaak en elkeen wat hom misdra, uitgeskel en aan die kraag laat uitsmyt. In later jare het daar altyd twee konstabels langs haar hokkie gestaan. Dit was om 'n hulpelose vrou teen rowers te beskerm, maar dit het ook gehelp om die ergste kleingeldglipse te verminder.

Op Senekal het dit op 'n keer gebeur dat iemand mevrou Pagel 'n goue tiensjielingmuntstuk gee. Dit was 'n skaars en herkenbare muntstuk, en daarom het sy moeite gedoen om die regte hoeveelheid kleingeld uit te keer. Toe sy later die geld begin tel, vind sy dat die onbekende verneuker nooit 'n tiensjielingmuntstuk gegee het nie, maar 'n halfpennie. Sy het soos 'n briesende leeu in die tent ingestorm en die hele vertoning tot stilstand gebring. In albei landstale het sy gebulder dat daar oneerlikheid by die loket was. Sy eis dat die man wat haar die halfpennie as 'n tiensjielingstuk afgesmeer het, dadelik opstaan en die saak kom regstel. As hy self kom, sal sy dit as 'n abuis verskoon. Sy weet presies wie hy is, en as hy nie self kom nie, laat sy hom vang. Toe staan Bart Krog op en draai na die volle hanebalk: "En ek sê," bulder hy net so hard, "bly sit, my vriend! Sy weet nié wie jy is nie. Die vertoning sal nou voortgaan." En dit het ook.

In die dertigerjare kom daar 'n nuwe bankbestuurder op Senekal. Hy staan op 'n dag agter die toonbank en kyk hoe sy klerk geld uittel. 'n Hele paar mense wag voor die toonbank. 'n Man kom binne, druk die wagtendes opsy tot hy voor die toonbank staan en haal sy tjekboek uit.

"Sal u asseblief net wag tot ons met hierdie mense klaar is, Meneer?" vra die bankbestuurder op die welbekende ferme toon van mense van sy status. Die man voor die toonbank kyk ongelowig op. Hy steek sy tjekboek in sy sak en raap sonder 'n verdere woord twee sakkies geld van die toonbank op en stap daarmee uit die bank. Die bankbestuurder vat en vat mis na die gelaaide rewolwer onder die toonbank. Hy stamp die hekkie oop en storm na buite. Die man het pas in sy motor geklim en weggetrek. Die bankbestuurder skreeu na die omstanders, maar kry waarlik min reaksie. Hy storm terug en bel die polisie.

Die polisiesersant is dadelik die ene vuur en vlam. Hier val 'n bankroof helder oordag in sy skoot! Terwyl hy praat en besonderhede neerskryf, wink hy sy konstabels nader. Ten slotte skree die bankbestuurder nog dat hy die motor se registrasienommer afgeskryf het en hy noem dit.

"Ontspan maar, Meneer," sê die sersant, "ek sal die geld binne 'n uur terug by jou hê."

Hy het uitgereken hoe lank 'n mens ry om op Rooipoort, die Krogs se plaas, te kom. Toe die tyd om is, vra hy die sentrale om hom deur te skakel.

"Oom Bart, was Oom vanmôre by die bank?"

"Ek was."

"Nou, Oom, die bestuurder sê Oom het daar twee sakkies geld ge... Oom sien ..."

"Ek het twee sakke geld daar gevat. Hoekom?"

Die probleem was nou hoe om die hele saak op 'n beskaafde manier afgehandel te kry: "Ag, Oom, die man is rasend! Hy ken Oom mos nou nie. Oom weet mos hoe dié soort dinge werk. Hy sal dadelik sy hoofkantoor moet bel en dan sit ons met al Bloemfontein se polisiemanne hier. Dit is oor die vyfhonderd pond, Oom."

"Vyfhonderd presies, ek het dit getel." Die stem word onheilspellend.

"Nou Oom, sal Oom nou self dadelik die geld terugbring of moet ek en my manne dit gou by Oom kom haal?"

Toe bars die storm los. "Sit jy jou pote hier, skiet ek jou soos 'n hond. Is dit miskien jou geld? Waar kom jy daaraan om my te sê wat ek moet doen ..." Die sersant hou die gehoorbuis weg van sy oor tot die ergste steurings verby is. "En sê jy vir die bestuurder ek het na sý bank gegaan om mý geld daar te gaan haal, nie syne nie. As hy sý geld by mý wil hê, kom haal hy dit hier by mý op die plaas. En hy kom vra by die agterdeur daarvoor. As hy sy pote op my voorstoep sit, skiet ek hom." Bart Krog was 'n dodelike skut.

"Oom, verstaan ek nou reg? Hy moet dit self kom haal, dan sal Oom dit gee?"

"Dit wat syne is." Die stem klink nou 'n bietjie kalmer.

"Oom sal nie skiet nie?"

"Nie as hy by die agterdeur kom vra nie."

"Kan ek maar saamkom?"

"Jy het soos gewoonlik weer niks te doen nie. Bring 'n suikersak saam."

Die sersant het diep gesug, sy kop gekrap, later in sy motor geklim en bank toe gery. 'n Lang gesprek het tussen hom en die bankbestuurder plaasgevind. Daarna het hy die bankbestuurder soos 'n siek man by die deur uitgelei en met hom uitgery na Rooipoort. Bart Krog het hulle by sy agterdeur laat wag voor hy dit oopgemaak het. Hy het die bankbestuurder 'n tjek vir vyfhonderd pond gegee en die deur voor hom toegetrek. Toe hulle by die motor kom, was daar 'n suikersakkie groenmielies vir hulle daarin.

Die Depressie het gekom, en weer eens het oom Bart bankmoeilikhede gehad. Hierdie keer was sy rekening oortrokke. 'n Aanmaning is gestuur waaraan hy hom nie gesteur het nie; 'n tweede het gevolg en toe die finale. Op 'n oggend het die polisiesersant die bankbestuurder vroeg-vroeg gebel en hom gevra om dadelik bank toe te kom – die herrie is daar los. Blokke ver van die bank af was die eerste tekens van verwoesting reeds sigbaar: tuinhekkies omvergeloop, motors skeef gestamp, winkelseile aan flarde geskeur. Voor die bank het 'n klomp beeste rondgemaal, kwalik in beheer gehou deur 'n paar baar veewagtertjies. Die geloei het die hele lug vol gehang. Terwyl hy aankom, kon hy die splinters hoor val soos Oppenheim se winkelvensters deur 'n wilde Afrikanerkoei flenters geloop word. Hy

het sy weg skrikkerig deur plasse beesmis na die naaste vee-
wagter gebaan.

"Wat die duiwel gaan hier aan? Wie se beeste is dit?"

"Dit is die bank se beeste, baas."

"Vat hulle onmiddellik hier weg!" skree die bankbestuurder bo die gebulk uit.

"Die baas moet hulle self vat, dit is nou die bank se beeste."

"Wie stuur hulle?"

"Oubaas Bart Krog stuur hulle. Hy sê hulle betaal die oubaas se skuld by die bank."

"Vat hulle weg, vat hulle weg..."

"Nee, baas, die oubaas sal ons slaan. Die oubaas het gesê ons bly net hier. Die baas se boys by die bank sal die beeste verder vat."

Bart Krog moes gesoebat word om die beeste te kom haal, en hy het dit eers gedoen ná die bank belowe het om die skade te vergoed wat deur die beeste aangerig is. Niemand kon daarna sê hy was nie meer as gretig om sy oortrokke rekening te betaal nie.

Die verlegging van die grootpad tussen Ficksburg en Senekal het ongeveer só plaasgevind: Daar is lank uitgesien na die besondere pad, en die boere het die bou daarvan bespreek soos die hedendaagse geslag die kies van 'n Springbokrugbyspan: Elkeen was 'n kenner en het presies geweet hoe en waar, en as Krog het Bart Krog éérs presies geweet. Hulle was diep vererg toe die pad oor 'n sekere stuk rantwêreld glad nie loop waar enige boer wis hy moes loop nie. Afvaardigings en petisies het op die Provinsiale Raadslid en op die Administrasie self gereent. Dit het niks gehelp nie. Die pad is gebou en voltooi. Waar Bart Krog se grond aan die pad grens, het juis die ergste vergrype voorgekom. Bart het 'n paar vriende bymekaar gekry. Hulle het stilletjies die pad uitgemeet soos dit behoort te loop en dit met ploeë en spanne osse klaargemaak tot 'n entjie van die eindpunte af. Op 'n sekere nag het hulle die provinsiale pad afgespan en hulle eie pad oopgestel. As voorsorgmaatreël het hulle nog die provinsie se pad vol ploegvore getrek.

Daar is weke lank oor die nuwe pad gery voordat die verlegging by die Administrasie aangemeld is. Daar is 'n groot bohaai opgeskop, hoofsaaklik oor die beskadiging van provinsiale eiendom, maar daar het uiteindelik niks van gekom nie. Bart Krog se pad word tot vandag toe nog gery.

Ná sy eerste vrou se dood het hy besluit om na die weduwee Wohlitz van Harrismith te gaan vry. As chaperone het hy sy niggie Tickey Human, destyds self 'n jong weduwee, saamgeneem. Sy kon altyd met die grootste smaak die storie van sy triomfantelike riddertog vertel. Hulle het met sy motor gery en hy het gesê sy hoef haar oor niks te bekommer nie, hy sorg vir alles. Hulle is die oggend weg en kom teen eenuur se kant by Suringkrans naby Paul Roux aan. "Nou die ete," sê hy. Hy kies 'n paadjie na 'n opstal naby die pad. Voor die tuinhekkie is daar 'n stuk kweekgras met wilgerbome. Ten aanskoue van die huisbaas en sy vrou, wat tot op die stoep gekom het, trek hy onder 'n wilgerboom in, begin kussings en kosmandjies afdra, slaan 'n tafeldoek oop en pak koue hoenders, toebroodjies, slaaie, jellie en wyn oop. Hy berei al geselsende 'n fantastiese piekniek voor, vlak voor die vreemde woning. Tant Tickey het altyd vertel hoe sy haar skouer opgetrek en haar kop weggedruk het met die hoop dat niemand agterna sou weet dit was sy nie.

Die huisbaas en sy vrou het maar terug in die huis gegaan, maar aan die roering van die sitkamergordyne was dit duidelik dat hulle van alles nog ten volle op hoogte bly. Klaar met eet, het Bart Krog alles netjies opgepak, die krummels huis se kant toe van die tafeldoek afgeskud, tant Tickey opgehelp en swierig die werf uitgery.

Die week waarop die vryery sy beslag moes kry, was vol Victoriaanse toesprake, ontboesemings en liriese versugtings. Bart Krog moes van sy geliefde weggeskeur word. Eindelik kon hulle in die pad val, terug huis toe. Drie myl van Harrismith ruk Bart meteens die motor om, trap die lepel weg en jaag terug na Harrismith. Sou hy een of ander noodsaaklike ding vergeet het? Daar gekom, hou hy stil en spring af. Die weduwee is van sy terugkoms vertel en staan hom bekommerd op die stoep en inwag. Hy vlieg die trap op, gryp haar in sy arms vas, soen haar, sit haar neer, vlieg weer die trap af, spring in die motor en jaag weer weg.

Kort by Senekal raak hy weer heeltemal opgewonde, jaag al vinniger sodat hulle die dorp onder 'n stofwolk binnekom. Hy ry tot voor die hotel, gryp tant Tickey se arm en trek haar saam met hom af. In die hotel hardloop hy die trap twee-twee op tot in die hotel se sitkamer, gryp 'n stuk skryfpapier, skryf in waansinnige haas enkele reëls, adresseer die brief, plak die koevert toe en storm met haar saam die trap af. Hy ruk 'n tiensjielingnoot uit sy sak, druk dit in die hotelbaas se hand en sê gevoelvol: "Pos dit asseblief vir my, ou vriend."

"Oh," het tant Tickey altyd haar storie afgesluit: "He was a wonderful lover!"

Hy was al hierdie dinge, maar hy was dit met reserwes van groot stabiliteit en erns daarby. Hy het die Rebellie in Senekal begin – soos dit op min ander plekke begin is – en natuurlik is dit nêrens so luidrugtig en met soveel dramatiese tierlantyne onderneem nie. Die skade waarvoor hy persoonlik ná die Rebellie verantwoordelik gehou is, het by die duisend pond beloop.

Op 'n dag geluk dit die groep waarby hy was om 'n klompie Regeringsmense te vang. Die gewere word afgeneem, die perde weggelei en die manne deursoek. Toe alles afgehandel is, val daar 'n oomblikkie stilte. Juis toe spring Bart meteens met 'n kreet vorentoe en gryp 'n sekere gevangene vas. "Jou lae, walglike regeringsluis, vir jou maak ek vandag klaar!"

Almal staan hom en aangaap, verbaas oor die skielike heftigheid.

"Wil julle sien wat maak ek met 'n Witband?" brul Bart en pluk sy knipmes uit. Dié wat hom ken, staan geamuseerd en toekyk, maar die ander dring ontsteld nader om 'n tragedie te vermy. Met een vinnige beweging druk hy die gevangene se kop agteroor onder sy arm deur en maak 'n beweging na sy linkeroog met die knipmes. Tot die ontsetting van vriend en vyand spring die man se linkeroog met 'n boog uit sy kas en rol in die sand. Bart Krog had nog tyd om sy knipmes aan sy broekspyp af te vee voor sy eie mense op hom toesak en hom vasgryp.

Die gevangene spring op, skop met sy voet in die sand en tel iets met sy sakdoek op. "Die Vader hoor my, Bart Krog, 'n dag is 'n dag ..." Hy vryf sy glasoog af en sit dit met 'n handige draaislag terug op sy plek. Hy was Bart se buurman.

Maar as hy net die hanswors van die kommando was, sou hy nie kommandant geword het nie en sou kmdt. Fanie Vilonel en kmdt. Koen wat daar aan die hoof van die Regeringsmagte was, nie besluit het dat as 'n mens Bart Krog uitgeskakel het, die vyandigheid in die Oos-Vrystaat op 'n end sou wees nie. Daar is besluit om hom te skiet.

Hulle het gehoor dat genl. Beyers en sy kommando op 'n bepaalde dag op Paddafontein sou wees om die burgers toe te spreek. Hulle het geweet die Senekallers sou daar wees en besluit om hulle voor te lê. Omdat Bart Krog en sy seun Martin so baie na mekaar gelyk het, is die hulp ingeroep van ene Nel, wat 'n goeie vriend van jong Martin was en aan Regeringskant geveg het, om hom uit te wys sodat die verkeerde man nie geskiet word nie. Die ooreenkoms was, so is later beweer, om hom nie dood te skiet nie, maar om hom net 'n paar maande buite aksie te stel.

Die plan het op een klein besonderheid na geslaag: Nel het hom in die verwarring toe die lokval bemerk is, tog misgis. Nie Bart Krog nie, maar sy seun Martin se perd is onder hom doodgeskiet en hy self in die been gewond. Die vlugtende Rebelle kon hom nie oplaai nie, maar toe sy vader die volgende oggend met 'n ompad terugkom om hom te soek, het hy hom gekry naby 'n strooishuis waarheen hy volgens die sleepmerke aangekruip het. Hy was dood, sy skedel verbrysel.

Hoe Martin Krog aan sy einde gekom het, is 'n saak waaroor

daar tot vandag toe deur nageslagte van die Krogs, die Koens, die Vilonels en die Fronemans geredeneer word. Daar is mense wat beweer dat swartes hom doodgeslaan het; daar is ander wat self gesien het hoe een van die Regeringsmense – sy naam word genoem – hom met sy geweerkolf doodgeslaan het. Want die Rebellie was 'n stryd waarin daar baie geskiet is, maar waarin daar deur skuts wat op honderd tree die hoed van jou kop afskiet, mis geskiet is, omdat die korrel op 'n mede-Afrikaner gerig was. Die man wat in die Rebellie raakgeskiet het, was later nie 'n held nie, en dié wat getref is, is nooit vergeet nie.

Bart Krog het soos sy leier, genl. Christiaan de Wet, wat ook sy seun in die rantjie by Allemanskraal moes begrawe, die Rebellie verder help veg. Hy is gevang en na die kampong in Kimberley en later die gevangenis in Bloemfontein gestuur. 'n Afrikanervrouevereniging van Bloemfontein stuur elke dag vir hulle kos; wanneer hulle op die oop eselwa na die hofgebou in die stad ry, is daar naas uitjouende swartes en Witbande ook mense wat klein vierkleurtjies op sydoek geborduur en om 'n klippie vasgebind vir hulle op die wa gooi; by hulle is genl. De Wet met wie dit onder die haglikste omstandighede 'n eer sou wees om saam te wees. Dit was alles waar, maar veel rede tot werklike optimisme was daar nie. Die gewapende protes was na die uiterlike 'n mislukking en hulle sou die spit daarvoor afbyt. Jopie Fourie was reeds gefusilleer, De la Rey doodgeskiet en Beyers het verdrink toe hy onder Regeringspervuur die Vaalrivier wou oorswem.

Dit was dringend nodig om die Rebelle geestelik te onderskraag en hiertoe het genls. De Wet, Rautenbach, Wessels en Conroy dadelik oorgegaan. Al oefening wat die gevangenes gegun was, was om soggens na die voorste "yard" te gaan om hulle te gaan afspoel in die koue reservoir. Hulle het persoonlik elke oggend gaan toesien dat die manne dit benut. Eerste in, laaste uit, was genl. De Wet. Dienste en boekvoorlesings is gehou, speletjies georganiseer, en saans is debatte en lesings gehou: skaapboerdery, friesbeeste, militarisme, Darwinisme en die Bybel, en taalontwikkeling is onderwerpe wat S.P.E. Boshoff noem. Dit is onder hierdie omstandighede wat kmdt. Bart sy eiesoortige bydrae tot heil van volk en vaderland aangewend het. In sy *Rebellie-sketse* beskryf S.P.E. Boshoff 'n sprekende episode:

Nog sit 'n klompie manne na Denyssen se lees en luister, toe daar al weer 'n ander span in 'n ander hoek van die "yard" skreew soos hul lag. Oom Bart Krog het een van genl. De Wet se sigare gesteel, en nou bring hul hom voor 'n Krijgshof, waarvan genl. Conroy voorsitter is, en waarvan 'n paar vrederegters, soos oom Nicolaas Kruger, oom Danie van der Merwe en oom Maans Mareé die andere lede uitmaak.

"Hoeveel houe met die plathand moet ek hom gee, genl. De Wet?" vra kmdt. Arthur Stead, wat oom Bart aan die een arm vashou.

"Nee, gee elke man 'n kans vir 'n verhoor," antwoord genl. De Wet, wat die speletjie lag-lag staan en aankyk.

"Kijk hier, genl. De Wet," pleit oom Bart ter verontskuldiging, "dit is deur jou dat ek vandag hier sit en nou kan jij 'n man ten minste 'n ou slegte sigaartjie gun."

"Wat vir 'n astrante taal is dit om teen die hoofkommandant te gebruik? Gee hom vijftien houe met die plathand op sij sitplek," beveel genl. Conroy.

"Kijk hier, kêrels," sê oom Bart kammakastig ernstig, "julle moenie vanmôre met mij lol nie; ek het slegte nuws van die huis af gekrij."

"Laat die ou skelm maar loop," sê genl. De Wet. "Ons het hom gehoor en sal hom hierdie keer sy diefstal kwijtskeld."

"Ha! Ha! Ha!" lag oom Bart, terwijl hy hom losruk van sy gevangenemers en vertrouwlik, fluisterend teen genl. De Wet sê: "Dit is lekker sigare daardie van jou. Ek moes maar netnou maar sê dat hulle sleg is om mij skuld te verklein."

Van genl. De Wet af draai hij om en stap na ds. Boshoff toe, waar dié op sij rug in die koelte lê langs die tronkmuur. Terwijl hij op die dominee se maag gaan sit, haal hij 'n leerband van sy lijf af met die woorde: "As jij nie 'n predikant was nie, dan gee ek jou nou-nou streepsuiker: Jij is ook mos een van dié wat vir mij gelê en lag het, toe ek flussies in die knijp was oor 'n ou stinkende sigaartjie van die ou generaal."

In 'n paar sekondes is die dominee bo en oom Bart onder en dan soebat die ou gedwee: "Dominee, ek hou tog so baie van jou, en dit betaam jou nie om aan 'n ou man te slaan nie, wat jou vader kon gewees het."

Sodra oom Bart weer los en op is, sê hij uitdagend: "Ek is darem nie bang vir jou nie; ek het net vanmôre 'n bietjie te veel geëet, anders sou jij mij nie so maklik onder gekrij het nie."

Aldus Boshoff in sy *Rebellie-sketse*.

Die tronkselle was koud en komberse skaars, maar kmdt. Bart Krog se selmaats was goed voorsien. Die kommandant het die manier gehad om hom voor die wag siek aan te stel en so 'n oortuigende rol kon hy speel as koorsige, bibberende pasiënt dat die wag dan teen sy eie beterwete 'n ekstra kombers bring. Dit doen die kommandant by elke omruiling van die wag tot hy 'n stapel komberse het om uit te deel.

Sy eie wasgoed het hy nooit gewas nie, word vertel, want by die wasplek is hy so waansinnig ywerig dat hy in almal se pad is en links en regs manne om hom natspat tot iemand aanbied om tog maar sy wasgoed vir hom te was. Om almal se saak te bespoedig, en ook omdat meeste van hulle sy bydrae na waarde kon skat. Op die portret van Rebelleoffisiere wat in die geheim in die tronk afgeneem is, sit hy langs generaal De Wet.

Hy het saam met ander Rebelle sy handtekening gevoeg op die petisie waarin dr. D.F. Malan gevra is om die redakteurskap van *Die Burger* aan te neem. Sy naam staan onder in die linkerhoek van die bladsy. En as 'n mens verwag dat dit 'n verwaande, windmakerige handtekening sou wees, misgis jy jou.

Dit staan daar klein en sober, asof die skrywer bewus was van die geskiedkundige betekenis van die dokument. Maar daar is nogal meer ruimte om sy handtekening as om dié van die ander, byna asof ons oom Bart met die elmboë vir sy naam 'n pad na vore oopgebeur het, soos die dag op Senekal in die bank.

Tant Martjie

Ek het vir tant Martjie haar vorms help invul, die dag toe sy wou aansoek doen vir inwoning by ons nuwe tehuis vir bejaardes. Daarna het Oubaas, haar seun, my daarvoor kom bedank.

"Man, ja, baie dankie dat jy vir ons die knoop deurgehaak het. 'n Eie kind kan nie sy ouer forseer om te gaan nie, maar ou Moeder was vir ons almal 'n beproewing in later jare."

Ek het verstaan wat hy bedoel. Ons hele kontrei wat nog in die seëninge van 'n plaastelefoon deel het, het Oubaas se probleem verstaan.

Oubaas het as jong man by ons in die poskantoor kom werk, in een van ons voorste families ingetrou, goed en modern vorentoe geboer en selfs grond kon bykoop. Oubaas is ons man op die verskeie produksierade, op boeretoere na die buiteland, en so meer. Ná die dood van sy vader, een van die ou hardes van die noordweste, het sy ma, tant Martjie, by Oubaas-hulle kom inwoon. In die sestig, groot van gebeente en wakker van gees was sy nog. Sy kon 'n mofhamel met gemak aan sy agterpoot vang, sy was op datum van die Rebellie, die swart Spaanse griep dwarsdeur die Depressie en die kommandowurms tot by die groot lammerweggooi van die vroeë sestigerjare.

Sy kon geestig en interessant gesels, maar wat gemaak het dat ons almal meer as eers by Oubaas kom aanry het, was tant Martjie se lag. Ons het tot op die tyd wat sy by ons ingetrek het, nog nooit iemand so hoor lag nie. Dis nie 'n geleerde laggie agter 'n bakhand weggesteek nie, dit is nie die senuweeagtige runniklaggie van die moderne vrou nie, dis 'n groot Hallelujalag van 'n veldsiel, en wanneer sy lag, lag sy 'n hele kamer vol. Dit begin bo in die borskas, dit swiep 'n paar maal soos 'n groot arend grondlangs op dieselfde toonhoogte en dan vat 'n magtige asemtog dit van diep uit die maag, ruk asemkanaal, mond en neusholte tot volle modulasie oop en dan dawer dit triomfantlik met drie, vier toonvariasies die ruimtes in, vir die volle duur van 'n Messiaanse amen. Ons het vir ander daarvan vertel, ons het vir beuselagtighede daar aangery en nog ure daarna die opwinding van haar vrolikheid in ons voel natril, en ons het almal besluit dat 'n mens eintlik baie meer in die ou lewe moet lag.

Die eerste keer dat ek agtergekom het tant Martjie se lag kan nie altyd op gesigswaarde beoordeel word nie, was dié keer met Oubaas se verjaarsdag toe die hele buurt se mense in sy voorkamer gesit en tant Martjie onder dawerende lagbuie vertel het dat Oubaas jou waarlik waar geen hoenders aanhou nie, maar op winkeleiers leef. Die manier waarop tant Martjie van "winkeleiers" praat, gee jou kompleet die gevoel dat winkeliers slymerige likkewane in hul pakhuise aanhou om vir hulle die winkeleiers te lê. Nou ja, Oubaas, net soos baie boere wat noukeurig met hulle opgawes werk, het lankal agtergekom dat, tensy jy duisende hoenders aanhou, dit net nie meer lonend is om 'n hoenderboerdery te hê nie. Hy was nie die enigste een in daardie voorkamer wat in daardie stadium 'n verbruiker van winkeleiers was nie, maar ná daardie gelag van tant Martjie het ons almal ongemaklik gevoel en meteens was dit vir ons ook self snaaks dat 'n mens winkeleiers kan gebruik en meteens het dit vir ons ook gevoel asof winkeliers slymerige likkewane in hul pakhuise aanhou om winkeleiers vir hulle te lê. 'n Hele paar vroue het tot die ergernis van hulle mans, wat die hoenderkos moet koop, weer oorgegaan tot onekonomiese hoenderbrouery en ek self het my klompie langbeenbasters met nuwe respek bejeën. Tant Martjie het daarna self vir haar 'n dosyn van die ouderwetse koekoeke aangeskaf en met een aan die broei en vier in die lê ons hele kontrei van "plaaseiers" voorsien.

Nou was die botter aan die beurt. Tant Martjie het die plaastelefone byna verrinneweer soos sy lag wanneer sy ons om die beurt bel om te vertel hoedat Oubaas se vrou, begryp jou aan, ten spyte van duur melkkoeie en hospitaalstalle nie 'n krieseltjie botter in die huis het nie.

"Nie 'n sippereiter, nie 'n melkdoek nie, g'n niks nie, mens, nie g'n niks nie."

Ons het geduldig probeer verduidelik. Vir 'n boer soos Oubaas wat 'n melkkwota in Johannesburg het, is dit onsinnig om 'n dopemmertjie melk uit te hou, 'n roomafskeier in werking te hou, 'n bakkie room af te karring net om die statussimbool van goeie ou plaasbotter te hê, maar terwyl jy nog aan die verduidelik is, begin jou eie verduidelikings vir jou al hoe verspotter klink en op die ou end dwing jy al om saam met tant Martjie te lag. Sy het vir haar twee basterkoeie aangeskaf, twee regte ou draadkruipskarminkels, hulle saans aangekeer werf toe, aan twee pale gespan en self uitgemelk. Ek het toe vir die eerste keer kon proe hoe smaak die regte kalbasdikmelk waarvan die ou mense so gepraat het. Maar daar was geen man in ons kontrei wat 'n goeie woord vir tant Martjie se koeie gehad het nie.

"Hulle hoes behoorlik soos mense, hulle is opgevreet van die tering," sê oom Koot.

Toe daar kort daarna besmetlike misgeboorte onder Oubaas se frieskudde uitbreek en hom byna ruïneer, sê hulle: "Ons het geweet Oubaas sal tyding kry van die twee ou bieskapers. Ons het net die fout by die verkeerde ent gesoek."

Toe tant Martjie ons dié wintermôre voor kerk ontsenu met die nuus dat Oubaas-hulle mos geen vark het om in jou oog te steek vir die slagtery nie, het ons al verlangs gehoor dat Oubaas in die laaste tyd so sukkel met sy senuwees.

"Ou Martjie sal hom nog op sy knieë bring met al haar dinge," het oom Koot duister voorspel. Oom Koot, toe wewenaar, het 'n vreeslike hekel in tant Martjie ontwikkel, en daar was geen hoop dat hy met 'n huweliksvoorstel die toestand kon verlig nie.

Ek het so tussen die laaste gelui en tant Martjie se lagbuie beduie van hoe jy vandag se dae op 'n plaas net een van twee dinge doen. Jy hou opreggeteelde varke aan in huise soos dié van mense en jy voer hulle wetenskaplik voorbereide mengsels, en laai hulle soos skole harders in trokke reguit na fabrieke, anders koop jy jou spek by die slaghuis en uit en gedaan. Jy het nou net nie meer 'n ou kortbeksog in 'n gestapelde kliphok wat jy op aartappelskille en koffiemoer vetmaak nie. Nou maar hoekom nie? wonder ek self die hele diens deur, en dit kos my man dae se redenasie om my weer onder die invloed van die kortbekmetode uit te kry.

O, maar waar ek Oubaas die jammerste gekry het, was die dag met die Geloftefees toe tant Martjie ons met fleur en geur die lagwekkende toestand van Oubaas se direksieskappe vertel: Kom netjies uitgevat met dokumentetas en wat nie alles nie uit. Direksievergadering van sê nou maar die boerkoolraad. Maar jy plant mos g'n boerkool nie, vra sy hom en dan sê hy: "Nee, maar ek het aandele in die fabriek wat boerkool bemark."

En sy wat tant Martjie is, sou hom dan sê: "O ja, nademaal jy dan gesorg het dat jou eie raad die prys van boerkool so goedkoop as moontlik vasstel, sodat jou fabriek dit daarna so kan koop en daarna so duur as moontlik kan verkoop."

Ek beduie en sê dat wat Oubaas se fabriek vandag by die boerkool maak, vat die Regering môre by sy inkomstebelasting af en dit word weer gebruik om die mielieprys te subsidieer, en so meer, maar wat, ons weet toe al Oubaas se dokter het finaal vasgestel dat Oubaas 'n maagseer het en hulle sê hy sit ure en ure oor sy boerderyrekords.

Hulle sê Oubaas is glad nie meer die man wat hy was nie. Daardie vuur waarmee hy 'n saak op 'n kongres kon voorlê, dit is net nie meer daar nie. Hulle sê hy verwaarloos sy boerdery, daar loop allerhande ou mofkoeie tussen sy friese, hulle sê hy hou tot kortbekvarke en veerpoothoenders aan, en mense begin wonder of Oubaas nie dalk self een van daardie dertigduisend onekonomiese boere is waarteen hy so driftig gewaarsku het nie.

Toe het ons maar op 'n dag – dit was weer Oubaas se verjaarsdag – die plan gemaak om ons ou buurman te red. Aan my is dit opgedra om tant Martjie te oorreed om na ons tehuis vir bejaardes op die dorp te trek.

Tant Martjie het op 'n dag met die aansoekvorms by my aangekom. Toe sy klaar geteken het, skuif sy die vorms reg en ook sý bedank my: "Dankie, my kind, dat jy my gehelp het om die knoop deur te haak. Die boer in ons land vandag is, soos ons Engelse meester destyds gesê het, 'n 'hês-bien'. Ek hoop maar ek beleef nie meer die dag dat Oubaas ook van sy plaas moet af nie. Daar is dertigduisend wat moet af, weet jy."

"Waar kom Tante daaraan?" vra ek.

"Ek weet. Ek weet."

"Oubaas is een van ons beste boere," sê ek. "As hy moet af, sal die hele boel van ons moet af en dit kan mos nie."

Sy bly my 'n antwoord skuldig, maar sy lag, haar groot verskriklike lag, en lank ná sy weg is, sit ek nog met yskoue ongemaklikheid tussen die blaaie. Kan dit nie dat ons almal moet af nie? Hoe seker is ek dat dit nie kan nie?

Le Bonheur

In die landskappe van my lewe staan die Oos-Vrystaat as die landskap van my liefde; die man wat met my getrou het, kom daarvandaan. Wanneer 'n mens deur die groot eensame vlaktes waar ek gebore is na die Oos-Vrystaat aankom, begin die land hier en daar rimpel soos 'n stoethings se vel, totdat die eerste rante van Senekal en Winburg uit die gelykte verrys: Doornberg, Biddulphsberg, Zuringkrans, Tafelkop ... sagte, oondgerysde koppe wat bo warm-warm afgesny is, soos met 'n mes. Soms sien jy 'n bultjie aan die een kant staan, slordig afgelig, met rotse soos krummels teen die hellings; soms het die koppe agterna weer bo-op rond geswel, soms net rosyntjieskotse uitgepars. Hier en daar het 'n klein miershoopkoppie met sy tuitpunt heel bly staan.

Eindelik, duskant Paul Roux en af na Rosendal, lê die eerste ketting van die Rooi- en Witteberge, 'n ligblou valletjie op die horison. Al klink hulle name onheilspellend – Visierskerf, Swartpunt en Sekonyelashoed – is dit vriendelike berge, met vroulike handigheid gepunt, soos die doilies wat my skoonmoeder hekel, 'n reeks wat soos 'n bakhand met sy vingers teen die Drakensberge en sy oop kant na Ficksburg se kant toe lê.

Maar agter hulle is dit meteens anders, en die eerste waaraan jy dit merk, is die lug. Dit is sterk, olierig, branderig. Dit slaan by die geringste in misvlae uit, dit druip in taai slierte teen die klipwande af, dit skroei in wit flikkerings teen die horison – dit is 'n lug wat bo geweldige diep vure telkens beroer word. Daar trek die Oos-Vrystaatse grond krampagtig saam in wat in die ou dae die Brandwaterkom genoem is.

Ravyne splyt die kroesbossievlakte tot diep in die aarde oop en smal valleie sloep soos gletsers by die hoog uitgeswelde kape en uitlopers verby. Fors, goue sandklipkrone wat gloei en asemhaal en in hulle diepte nog die dik vog van lawa dra, breek teen bergskouers uit; room en pers en oranje stol in lae deur die klip en herhaal hulle blos in die sagte leemgrond van die valleie, sodat die sonsondergang vir jou hier kom asof jy in 'n skulp van suiwer perlemoen staan. Dit is 'n streek van smal, vrugbare terrasse, plase wat in glasgroen populiersplinters teen die hange vasgespeld hang, van stil wilgerriviere, van haringdun bergpaadjies, wolhaarponies en nagvuurtjies teen die hellings. En teen die einders, oral en altyd, droom die Drakensberg homself tot engelklip.

Dié deel van die Vrystaat is nog lank voor die Groot Trek vir die eerste keer deur die wit man beset. Aanvanklik was dit insypelaars en spekulante van wie die ou Boere gesê het dat hulle met net 'n blesmerrie en 'n bottel brandewyn onder die arm daar aangekom het, 'n plaas by Mosjesj geruil en dit weer uitgesuip het, tot hulle op die ou end net 'n blesmerrie en 'n bottel brandewyn oorgehou het. Maar later aan het goeie Engelse boere, meestal van die Kaapse oosgrens, wat in die mistige bergstreke iets van hul vorige vaderland herken het, daar ingetrek. Vandag woon daar nog van hulle afstammelinge op plase met name soos Watermeet, Glen Almond en Morning Glory. Hulle hou volbloedperde en boelhonde aan en bewaar hulle Engelse manier van doen. Hulle speel polo, hulle "clubs" – die eerste van die Vrystaatse platteland – floreer vandag nog, en plaasvroue gaan vir aandete met hulle juwele en in hulle beste klere aansit.

Ná die Groot Trek se afloop in Natal het die Voortrekkers eers op groot skaal teruggekom Vrystaat toe om die hele oosgrens met sy goeie landbougrond reeds beset te vind. Baie jare daarna nog sou die oosgrens altyd vir 'n Britse dwarsstroom in die Vrystaatse politiek sorg. Dit was eers toe Jan Brand ná die tweede Basotho-oorlog 'n dubbele ry plase op 'n stuk verowerde oostelike grondgebied laat uitmeet en aan Boere toegeken het, dat die Afrikaners tussen die Engelse en Basotho's kon begin deurvleg. Sommige van hulle het Engels-georiënteerde, deftige Afrikaners geword; ander het daar tot 'n duidelik herkenbare soort Afrikaner ontwikkel, die Oos-Vrystater, wat nooit met sy gevoelens te koop loop nie, hom nooit laat oprui nie, maar as hy besluit om te veg, dan veg hy tot hy val.

Hy leef sy eienaardighede met koninklike waardigheid op sy plaas uit. In sy pragtige ou sandklipvesting bo teen 'n bergrant waar die wind altyd die reuk van stronkvuur en nat bloekombas dra, vind jy hom volkome in beheer van sake. Hy kan jou presies aftree waar die koue Malutiwind sy plaas raak en waar nie, en elke boom en draadheining is hiervolgens ingeplant, elke wal en sloot na die helling van die rante gestrek. Hulle het die eerste kontoerwalle in ons land gegooi om berglandboerdery vir altyd sy bestek te gee; hulle het die eerste mieliestropers gebou en boerenywerhede soos kaas-, botteren poeiermelkfabrieke begin, koringmeulens, kombersfabrieke, saagmeulens en boerekoöperasies opgerig.

In my kinderdae kon 'n mens hulle op Vrystaatse samekomste altyd duidelik onderskei, hierdie here wat in hulle effens oudmodiese, maar blink gepoetste motors opdaag, met stofjasse oor hulle netjiese pakke aan. Volkome drietalig, belese in albei landstale en op hoogte van landsake, was hulle die mense wat met uitgewerkte memorandums en besliste menings na kongresse kom. Hulle vrouens was goed en met smaak geklee, mense wat vertroetel en met liefdestug op hulle plek gehou is. Hulle dogters dra hoede en hulle seuns groet jou met die hand.

Die Oos-Vrystater is kinderlik trots op sy kontrei se aandeel in die landsgeskiedenis, en nêrens in ons land is die mondelinge oorlewering daarvan so lewendig nie, nêrens onthou hulle die warse ou persoonlikhede uit die verlede met groter verering nie.

Elke Odendaal, Uys, Wessels en De Jager was 'n mens na sy eie patroon geknip. Daar was die oorspronklike ou Thai-Thai, die eintlike ontwikkelaar, so vertel party Uyse, van die Uys-bees; daar was Thys Goedgenoeg; Swart Dirk, die broer van Piet Uys wat van Panda 'n reuseolifantstand present gekry het, omdat dit hy was wat Dingaan op sy vlug ingehaal en doodgemaak het – vertel die Uyse. Daar was veldkornet Uys wat op Ceylon vir Neethling Brink sy manuskrip *Recollections of a Boer Prisoner* met die hand oorgeskrywe het, so netjies dat geen settersmasjien daarop kon verbeter nie, daarna geweier het om die eed van getrouheid af te lê en 'n magistraat op Java geword het. Dit is maar 'n paar voorbeelde uit een slim, iesegrimmige, hardkoppige Oos-Vrystaatse familie.

Daar was die Odendaals wat wilde perde maklik ingebreek en met gemak voor hulle karre ingespan het; daar was die De Villiers's wat in die eerste jare van die Vrystaatse Republiek met die Basotho-oorloë die onvergeetlike kmdt. Masottojan – dié klein bruinetjie – opgelewer het. Hy het op kommando altyd met 'n das en 'n baadjie aan by 'n tafel met mes en vurk geëet, sy tent met klam sand laat strooi en nooit tot die geveg toegetree as hy nie eers deur sy agterryers geskeer en gekam is nie. Hy was die enigste aanvoerder in die eerste twee oorloë wat van groot suksesse kon praat. Die Slag van Bethlehem in 1866 is een hiervan. Mosjesj het tevore sestig van sy perde gesteel. Masottojan is alleen na Thaba Bosiu om die perde te gaan terughaal. Hy was onder die Basotho's toe reeds gevrees en gerespekteer as 'n groot reënmaker.

Mosjesj het hom gesê dat dit agt dae sou duur om die perde in die berge bymekaar te maak. Masottojan kon intussen by die vrouens op die lande gaan skoffel. As hy ná sewe dae nog daar was, sou Mosjesj hom die perde teruggee. Vloekend en swetsend het Masottojan de Villiers sewe dae lank lande geskoffel, want hy was, net soos die Odendaals en Wesselse, hartstogtelik lief vir sy perde, en daar was deurentyd 'n perd wat hy saam met hom die huis ingebring het wanneer hy gaan eet. Mosjesj het tien van die perde vir homself gehou en die res aan De Villiers teruggegee. Met die Slag van Bethlehem, toe vierduisend Basotho's op die klein sooilaertjie van die honderd-vyf-en-twintig wit mans en honderd-en-vyftig Batlokoa by Bethlehem toesak, het Masottojan net geskreeu: "Kom, kêrels, dit is mý dag!" en gestorm. Hulle het tweehonderd Basotho's gedood, die aanvallers oor die Caledonrivier gedryf, oor die tweehonderd perde en 'n menigte vee gebuit.

Op 'n keer het hy 'n kommando van die swartes op sy uitgestrekte plase versamel en Harrismith en Warden vir homself geanneksser en dit het die Vrystaatse regering 'n hele paar jaar gekos om hierdie stuk Vrystaat onder die kommandant uit te kry.

Laat ons van al die dosyne interessante Uys-legendes tog net hierdie een noem, veral vanweë die Oos-Vrystaatse gees waarin dit vertel word. Thys Goedgenoeg, wat 'n paar jaar gelede dood is – daar was nou 'n man wat sy medemens liefgehad het. Nie lief met 'n gewone liefde nie. Dit was 'n liefde wat hom nie met toue laat span het nie, 'n groot liefde, 'n groot liefde ...

Toe Thys Goedgenoeg die tyding van sy neef Poenjan van Dyk se dood kry, het hy die hele nag deur in die Harrismithse hotel oor hom rou bedryf. Woeste tonele van smart het hulle afgespeel waarin mense beseer en meubels beskadig is en ou wonde vir hom weer oopgegaan het. Hy het dit vir die soveelste keer bely dat hy wat Thys Goedgenoeg is, net drie groot foute in sy lewe gemaak het. Die eerste fout was sy eerste vrou, die tweede fout was sy tweede vrou, maar die grootste fout was sy derde vrou. En nou verloor hy die man wat vir hom soos 'n broer was, maar goddank dit was nie Thys Goedgenoeg se fout nie. Hy het nie geskroom om die Naam van die skuldige te noem nie. Niemand moet hieruit aflei dat Thys Goedgenoeg 'n dronklap en 'n Godloënaar was nie; die man se emosies was net so verskriklik heftig.

Toe die sonnetjie net mooi sy lê oor Rooihoogte se nek kry, het die familie op die voorstoep van die sterfhuis op die plaas vir Thys Goedgenoeg met sy groot Mercury oor die plaaspad gebokspring sien kom. Hy kom nie by die smal motorhek in nie, maar regsom deur die hek vir die dorsmasjien, oor 'n hoop bousand tot voor die melkkamer se deur. Die mansmense op die stoep het geweet dat Thys sy neef se dood diep sal voel en haastig omgestap om hom van die bedroefde weduwee en kinders af weg te keer. Dit was makliker gesê as gedaan, want Thys wou ten ene male simpatiseer.

"Dirk, Dirk, wil jy my keer as ek in ligtelaaie staan oor die dood van ons neef?" het hy met 'n rou stem uitgeroep. "In ligtelaaie" was glo by hom 'n bekende uitdrukking wat baie dinge kon beteken.

Die weduwee, wat desgelyks die hele nag op meer beskeie wyse rou bedryf het, het juis 'n bietjie gaan rus. Die mans was almal aan die oorstap na die kerkhof om te kyk hoe die werkers vorder met die grawe van die graf, vertel hulle hom.

"He is gone," beduie hy nog so onder die wegstap met swaaiende arms, "he is gone to yonder shore, from whence no traveller hath returned."

By die kerkhof aangekom, was hy geskok om te sien dat ongekerstendes gebruik word om die graf te maak. Hy jaag hulle by die hekkie uit en neem self die pik op.

Nou vertel Japie van Niekerk, 'n Oos-Vrystater, presies hoe Thys Goedgenoeg daardie dag gepik het. Wanneer hy die pik bo sy skouers lig, roep hy in 'n hoë stem: "Ghuso duma?" (Hoe dreun die kanon?) en wanneer die pik in die grond vasslaan, in 'n diep basstem: "I baye, baye." (So dreun hy.)

Wonderlik aangrypend was dit om die groot fris man te sien pikslaan vir sy ontslape vriend en geen oog kon droog bly nie. Ongelukkig dat die klipbank daar net 'n voet of so onder die bogrond begin en met die son op sy blaaie en die sweet en trane aanhoudend oor sy gesig en die swarte nag wat hy deurworstel het, was hy later genoodsaak om die werk deur ongekerstendes te laat klaarmaak. Maar so het Thys Goedgenoeg medelye betuig: voluit.

Na Ficksburg se kant was die groot grondbesitters ou Ryk Dial Jordaan, oom Krulbaard Smit en die Du Preez's, mense wat nie twee keer daaroor gedink het om 'n venster in 'n huis te laat inbou nie. Voor die Anglo-Boereoorlog, so vertel hulle, moes boere belasting betaal op die aantal ruite op hulle werf en die gemiddelde mens was baie verantwoordelik met vensters wanneer hy huisbou.

Oos-Vrystaat is Bender-wêreld. Saam met die Vrystaat het hulle mak geword. Ek wonder of daar deurlopend nog so 'n intelligente, belese en, ja, beduiwelde familie soos die Benders op die Vrystaatse platteland rond is. Of dit nou gaan oor die ou Egiptiese opgrawings, die filosofieë van genl. Smuts of die nuutste ontwikkelings op die gebied van Boerekoöperasies of die oorsprong van haas elke plaasnaam in die Oos-Vrystaat, moet jy jou knieë rek om by te bly by die lewende ou grootkop van die Benders: oom Chris van die plaas Nebo in die Clocolandistrik – kersieboer, kenner van elke blom en boomsoort en klipformasie van sy kontrei.

"Hoekom is die Benders so slim?" vra ek eendag aan sy broer, oom Giel Bender, en wanneer jy oom Giel Bender iets vra, beantwoord hy dit met 'n storie.

"Die Benders is slim oor hulle sterk is," sê hy. "Sterk na liggaam en gees." Dan vertel hy van die verskriklike sterk Bendervoorsate: Jan Ramatêga, en stil Andries, en hulle moeder, die onverwoesbare tant Mieta wat vanmelewe se dae daar gewoon het.

Wanneer tant Mieta haar groot potte boerseep skei, het sy nooit die vuur onder hulle uitgekrap nie, maar die kokende pot aan sy hingsel opgelig en van die vuur afgetel. Elke boervrou wat seep kook, weet wat dit beteken!

Op 'n dag, so vertel oom Giel, het groot fris Hans Ferreira na een van die Bender-dogters kom vry. Aan tafel begin hy praat oor hedendaagse vrouens wat mos aanspraak daarop maak dat hulle mans slaan. Kan jy jou 'n sotliker bewering voorstel!

"Hansie, wat sê jy tog," merk tant Mieta op en gaan bedaard aan met eet. Toe Hans van die tafel af opstaan, vat tant Mieta hom daar waar sy op die stoel sit, aan die rug van sy baadjie, trek hom oor haar skoot en slaan hom dat die merke van haar plathand veertien dae lank oor sy boude gelê het. Daarna nog steeds sonder om op te staan, vat sy hom aan sy kraag en sy broek se sit en smyt hom by die kombuisdeur uit met die woorde: "So maak ek met 'n klein s...t soos jy."

By 'n ander geleentheid het 'n groot boelhond een van haar kinders gebyt. Sy het die kind binnetoe geneem, getroos en gedokter, daarna kalm na buite gestap, die hond aan sy agterbene gevat en hom teen die huismuur doodgeslaan.

Ontydig is tant Mieta op vier-en-tagtig jaar oorlede, nadat sy bo uit 'n vyeboom geval het, maar daar was nog haar seun, die sagsinnige Andries, wat ses voet sewe duim in sy sokkies gestaan het. Wanneer Andries saamgaan, was dit nooit nodig om 'n domkrag vir die transportwa saam te neem nie. Andries lig die wa en hou hom geduldig vas tot die wiel gesmeer en teruggesit is.

Vanmelewe het in daardie kontrei Theuns Handjies gewoon, wat die manier gehad het om sy skape onder in die rivier te skeer. Hy ja die skape eers deur die water en dan deur die los sand, alles nou net om gewig in sy wol te kry. Op 'n keer kom Andries daar aan, en Theuns sê vir hom: "Andries, ek gee jou tien sjielings as jy 'n baal wol op jou rug die rivierwal uitdra."

Andries het die hake in een van die bale geslaan wat helfte wol en helfte riviersand was, dit op 'n ander baal gelig om behoorlik onder hom in te kom en die baal toe die wal uitgedra.

Sewe man het op 'n dag gespook om 'n kliplatei van agt voet bo in 'n muur te kry. Terwyl hulle staan en beraadslaag oor katrolle en kettings, roep die vrou hulle in vir ete. Andries het toevallig ook daar geëet. Onder die ete het hy beskeie gesê: "Ekskuus my net 'n oomblik, Antie," buitentoe gegaan, kort daarna teruggekom en die ete hervat. Toe hulle buite kom, lê die latei sekuur op sy plek bo in die muur vasgemessel.

Later het Andries sy distrik verlaat en spoorwegkonstabel geword. Hy was by tye "uitsmyter" by 'n Johannesburgse hotel, waar dit vir hom niks was om twee woelige Walliese mynwerkers soos twee brode onder elke arm vas te knyp, hulle wind uit te druk en hulle flou buite op die sypaadjies te laat val nie.

My groot vertelleroom, oom Frans Bekker uit Paul Roux se wêreld, kan met 'n stemmige gesig en paslike gebare van sy netjiese hand met die krom vierde vinger (wat destyds in die boormasjien gekom het) van die onmoontlike oom Theuns van Andel vertel.

Oom Theuns van Andel was 'n Hollander-onderwyser wat met oom Frans se tante getroud was. Hy was oor die hele Oos-Vrystaat bekend om sy buierigheid en befoeterdheid. Hy het silwereetgerei en kosbare Hollandse porselein in sy huis gehad. Sy agt kinders het klere gedra wat in kiste van Holland af gekom het, maar dit het die lewe nie makliker vir hulle gemaak nie. Theuns van Andel het homself baie vernaam as boer uitgegee. Hy is die eerste wat koekoek- en wit leghornhoenders en wit varke in daardie wêreld ingebring het, en hy was van die eerstes wat die Australiese bloekom geplant het. Hy het sy hand nie aan werk gesit nie, deftig in sy spaaider gery met 'n wit broek, rooi skoene en 'n syhemp aan. Wanneer hy by die werf inry, moes die werkers hom inhardloop om hom en die perde tot stilstand te sleep.

Hy het die eerste Ford-kar in daardie geweste gekoop en pas daarna vir oom Frans opgelaai Bethlehem toe, of soos die Oos-Vrystaters dit noem: "Bêêêtlim" toe om te wys hoe die motor ry. Toe hulle terugkom, wis die swartes nie mooi hoe om raak te vat nie en toe ry hy met oom Frans en al dwarsdeur die waenhuis, dwarsdeur die agterste misgeplakte agtermuur dat hulle vol stof en toe onder die roustene teen die bokwa agter die waenhuis tot stilstand kom. Oom Theuns vee baie vererg die stof van hom af en sê: "Nu, wat de bluddie donder is nu passeert?"

Later het die oom so haaks met sy Afrikanervrou geraak dat niemand dit kon uithou nie. Hy sal by die huis inkom en sonder verdere omslag die tafeldoek met borde en skottels vol kos bymekaar vat en teen die muur stukkend gooi, hy sal dae lank wegbly en dan die deur stukkend slaan om in te kom. Eindelik het hy uit die huis uitgetrek en John Andrews, die bekende klipbouer van daardie wêreld, vir hom 'n ander huis laat bou, 'n myl van sy vrou af, en of 'n mens dit nou wil glo of nie, daar het hy met 'n goëlery teen sy vrou begin. Klippe het snags op haar huis se dak gereent, het die ou mense vertel. Die bankbestuurder en die prokureur het op 'n aand daarheen gegaan om die bedrog aan die kaak te stel, en daar het die goëlaar die bankbestuurder se stywe boordjie van sy nek af gegooi met 'n klip.

Oom Theuns se vrou het haar op twee maniere verweer. Sy het eers ou Steenberg en ou Pama, die vermaarde geestesbesweerders, van Clarens af laat kom. So dig teen die Maluti's met sy toordokters was daardie dae nog heelwat onortodokse hulp wanneer mens in die knyp raak. Hulle het hulle toorgoed daar begrawe en toe het die tante ds. Charl Retief van Paul Roux laat kom. Die dominee het 'n rooi flennielappie gevat, dit om 'n spyker gedraai en die spyker voor die voordeur in die kosyn vasgeslaan. Daarna het hulle na binne gegaan en 'n gebed gedoen. Theuns van Andel het kort daarna sy goed gevat en Ladismith toe getrek. Dié wat meen dat dit Steenberg of Pama se toorgoed is wat die deurslag gegee het, het nooit ds. Retief van Paul Roux geken nie.

Dié klein Nederduitse Gereformeerde predikantjie het in die eerste gedeelte van die twintigste eeu tussen die jare van Rebellie, griep, Depressie en samesmelting soos 'n Elisa tussen my mense beweeg. Hy was 'n vuurvreter-Afrikaner, 'n toegewyde teoloog wat Sondae so ingewikkeld gepreek het dat min lidmate sy preke kon volg; desnieteenstaande het hulle sy kerk volgesit, want dit was vir hulle heeltemal voldoende dat Dominee self weet waarvan hy praat. Hy het die gawe van handoplegging en heling gehad, was 'n lekedokter wat in die swart griep mense met koue waterdompelings deurgehaal het. In die Paul Rouxse rante het hy klei uitgegrawe en verswerings en inflammasie daarmee gedokter en verbasende operasies met sy knipmes uitgevoer. Hy het 'n baie goeie kennis van vee- en pluimveesiektes gehad. 'n Mens kan dink dat hy Theuns van Andel en sy goëlery met gemak onder die knie gekry het.

In die veertigerjare van ons eeu wou die Vrystaatse Universiteitsraad die universiteit tot 'n voertaalbeleid van vyftig-vyftig dwing. Die Oos-Vrystaters en spesifiek ds. Charl Retief het toe besluit dat hulle hulle nie van die inrigting sou laat vermaak nie en onder leiding van die Vrystaatse NG Kerk oorgegaan tot die stigting van 'n nuwe universiteit in eie geweste. Die plek vir die universiteit was reeds op Zastron aangewys en die onderhandelinge vir die oprigting daarvan in 'n gevorderde stadium, toe sake dermate afgekoel het dat die bestaande universiteit kon besluit om Afrikaans te bly.

Die Oos-Vrystaters het baie dapperder as die res geveg gedurende die Anglo-Boereoorlog, het my man my eenkeer vertel. Ten spyte van die romantiese verering wat ek vir die betrokke landstreek het, het ek by so 'n krasse veralgemening nie berus nie. Daar word darem per slot van sake ook hier en daar 'n Serfontein, baie kennelik van die weste af in die oorlogsoorlewering genoem.

Maar wie sal beter weet as die vyand teen wie hulle geveg het? Hy het vir my die volgende stuk uit die *Times History of the South African War*, wat 'n paar jaar ná die oorlog verskyn het, gelees waar L.M. Amery sê:

> The east (van die Vrystaat) was very different; it contained some of the richest land south of the Zambesi; all along the Basuto border between Ladybrand and Ficksburg, and further up around Fouriesburg in the Brandwater basin stretched what has always been considered the granary of South Africa, and outside of this the comparatively important towns of Winburg, Senekal, Lindley Bethlehem, Heilbron, Vrede and Harrismith were all centres of prosperous farming districts. Moreover the men of this part, besides having most at stake, were the staunchest fighters in the Free State armies. Those of Ficksburg, and Ladybrand remembered that their granary was still called "the conquered territory" and that they themselves belonged to the picked families settled there to hold fast what had been so hardly won from the Basuto ...
>
> And the mountainous country they had to defend and to fight in lent itself admirably to their ancestral habits as stalkers of men and beasts ... North of Thaba Nchu it presented step by step, as it were, defensive positions from which an army would often take weeks to dislodge a few men; behind it was the Baviaansberg, where Hamilton was delayed on his way to Winburg; to the east the Platberg

made a formidable barrier to Ladybrand, while north-east the Korannaberg blocked the way to Ficksburg. Further north again, Senekal was flanked on the west by the Doornberg, in the intricate kloofs and valleys of which the Boers outwitted many British columns, while on the east the Biddulphsberg helped the Boers to at least one triumph over the English and the Zuringkranz ridge long afforded them a retreat. Lindley's circle of hills became the battleground for fights too numerous to count and at Vechtkop, midway between Lindley and Heilbron where in years gone by a few heroic Boer men and women had withstood Mosilikatze's hordes their descendants loved to waylay the British columns on their way north as Hamilton, Colvile, Methuen and Hunter each in turn found to their cost.

Indrukwekkende getuienis hierdie! En nou moes jy die uitdrukking van heilsgenot op die gesig van die lesende Oos-Vrystater gesien het, om te glo. Dit staan soos 'n paal bo water: Die oorwinnings wat sy Wes-Vrystaatse vrou so elkers oor hom behaal as daar rusie gemaak word, is blote toeval. In kern en wese bly die Oos-Vrystater die man wat wen.

Afrikaanse predikante in die Vrystaat het gedurende die Anglo-Boereoorlog dikwels hulle werksaamhede haastig opgeskort en terug Kaap toe gegaan, maar die Oos-Vrystaat het 'n skitterende rekord opgestel, deurdat een van sy predikante 'n generaal geword het – ds. Paul Roux wat, hoewel hy nooit 'n geweer in sy hande geneem het nie, sy burgers in die gevegte gelei het. Daar was die onvergeetlike ds. J.D. Kestell, toe van Harrismith, wat as veldprediker saam op kommando was, die Vrede van Vereeniging moes bywoon as sekretaris en daarna die NG Kerk op Ficksburg – een van die mooiste klipkerke in die land – ontwerp en laat bou het ter gedagtenis aan die distrik se gesneuweldes.

Ds. A.L. Albertyn het die Rouxvillese kommando vergesel en ná die oorlog met die CNO-skole begin. Ds. J.J.T. Marquard, die Vrystaatse moderator, was met die Winburgers in die veld;

ds. G. Thom van Frankfort is na Ceylon verban, terwyl ds. H.C.J. Becker van Bethulie dwarsdeur die oorlog in die konsentrasiekamp behulpsaam was. Ook ds. C.D. Bam van Smithfield het dwarsdeur die oorlog opgetree. Ds. C.P. Theron van Bethlehem en ds. P.S. van Heerden van Ladybrand het ná die oorlog weeshuise vir kampkinders begin.

Die Rebellie van 1914 bly egter die geskiedkundige triomf van die Oos-Vrystaat. Meer as elfduisend mense het daaraan deelgeneem. Hiervan was 7 123 Vrystaters, 2 998 Transvalers en 1 251 Kaaplanders. Die Vrystaatse opstand was beperk tot die noorde en noordooste en het in Memel begin, toe genl. Christiaan de Wet, sy agt seuns en skoonseuns en sewentig burgers vertrek het om pres. Steyn in Bloemfontein te gaan raadpleeg, daarvandaan na Kaapland te reis om by Maritz wapens te kry en van daar saam Pretoria toe te gaan om die republiek te gaan uitroep. Die trek het van Memel na Vrede, na Reitz, na Lindley en toe na Winburg gegaan, en in elke distrik het honderde bygekom. Die dorpe is vermy, daar is nie gevegte uitgelok nie en baie van die Rebelle het net swepe en padkos gehad.

Ons ouma Krog vertel hoe my skoonvader, 'n baie netjiese en op sy persoon gestelde jong man, vertrek het met 'n waardevolle klein leertassie van haar. Daarin het hy net twee gestyfde wit boordjies gehad – om aan te sit die dag wanneer hulle Pretoria met die Vierkleur binnery. Die tassie het nie verder as Mushroom Valley saamgery nie!

Die laaste groepe Rebelle is uiteindelik in die berge om Bethlehem gevang en na die Kimberleyse tronk geneem. Oom Toby van Schalkwyk van Paul Roux, vegter uit die dae van Magersfontein en adjudant van genl. "Lykes" Rautenbach in die Rebellie, vertel hoe Rautenbach hom en sy maat Jannie Jacobs gestuur het om vas te stel of 'n klomp burgers 'n ent van hulle af Regeringsmense was. Hulle het op sestig tree, toe die koeëls hulle tot by 'n draadheining gedra het, eers uitgevind dat dit wél Regeringsmense was. Van die mooiste stukkies gespande draad wat hy ooit in sy lewe gesien het, sê hy: sestienpondysterpale, tien tree van mekaar, gespan met honderdpond-Johnsondraad, sewe drade. Desnieteenstaande is Toby van Schalkwyk en Jannie Jacobs ongedeerd daardeur en terug na hul kommando, vertel hy met 'n flonkering in die oë.

Nie ver van Paul Roux nie, by Vogelstruisfontein, kom hy en 'n sestigtal manne uit Paul Roux op 'n plat koppie uit en besluit om op hul eie in alle erns weerstand te bied. Die Witbande bestorm die koppie, die ander skiet die oomblik wanneer 'n kop bo die kruin uitkom. Later is dit 'n versigtige bekruipery totdat die Paul Rouxers tot hulle ontsteltenis merk dat die Regeringsmense 'n koppie links van hulle bestyg het en van dié kant af begin vuur. Hulle steek toe die wit vlag aan 'n geweerkolf op, maar die Regeringsmense is so kwaad, hulle skiet die geweerkolf af. Naderhand skree iemand van onder af: "Wie is julle daarbo?"

"Ons is van genl. Lykes Rautenbach se kommando."

"Laat julle aanvoerder sy geweer neerlê en uitkom."

Oom Toby staan toe op en kom tydsaam na die rant aangestap.

"Wie de duiwel is jy?" vra die aanvoerder, 'n man op 'n blou skimmelperd, vererg.

Oom Toby is 'n man wat nie eens vyf voet lank is nie en die skaal seker nie ver oor die honderd-en-tien pond sal trek nie, maar hy is taai. Hy was 'n gereelde bloedskenker tot op nege-en-tagtig jaar. Toe sê die Paul Rouxse doktertjie vir hom: "Nee, oom Toby, die bloedjies wat jy nou nog het, het jy vir jouself nodig." Hy het hom verskriklik vir die man versondig: Wie sal nou beter weet wat om met sy bloed te doen, hy of 'n ander een? Dit is nou oom Toby, en daardie dag op die koppie het hy hom ook nie laat beledig nie. Hy trek hom waardig op: "Ek," sê hy, "is genl. Lykes Rautenbach se adjudant en ek is in bevel van hierdie koppie."

"O so, en wat probeer jy doen?"

Toe skree een van die ander Regeringsmense: "Maar my magtig, Toby, dis mos jy!" en oom Toby herken sy swaer Von Maltitz en 'n klomp ander Ficksburgers.

"Wat doen julle, man?" vra sy swaer verder, "julle het al sewe van ons mense doodgeskiet en 'n spul gekwes. Kan julle nie nou end kry nie!"

So het een van die minder geroemde slae van die Rebellie geëindig. Oom Toby moes saam met die Rebelle voetslaan, myle ver terug na Senekal toe. Hulle is vier-vier deur die strate geja en onder gejou en gelag na die tronk geneem. Toe bring 'n swarte vir hom 'n pakkie met toebroodjies, ses gekookte hoendereiers, 'n paar sokkies en 'n halfkroon. Daar was 'n naamlose briefie by: "Ek wil net sê dankie." Snaaks, maar hy het daardie briefie dwarsdeur sy lewe onthou, sê hy.

Toe die Rebelle eindelik ná hulle verhore terugkom, was hulle vee en losgoed gekonfiskeer en is hulle aanspreeklik gehou vir alle skade wat gedurende die opmarse gepleeg is. Dit het £300 000 beloop.

Daar is met 'n landwye beweging begin om hierdie skuld vir die Rebelle te betaal. Hulle het dit die "Helpmekaar" genoem, en die eerste drie takke van die beweging is in Bethlehem, Reitz en Lindley gestig. Bethlehem en Smithfield het die grootste bedrae in die Vrystaat byeengebring. (Die pasgestigte Nasionale Party was die grootste enkele bydraer.) Die sentrale bestuur van die Rebellefonds in die Vrystaat het bestaan uit mnre. P. Fourie van Bethlehem, wat ook die voorsitter van die landsbestuur geword het, prok. M. Vermeulen (Lindley), dr. C.P. van der Merwe (Bethlehem) en mnr. R.T. van der Merwe (Bethlehem) – almal van die Oos-Vrystaat.

Die Burgermonument op die hoofplein van Harrismith is 'n sprekende voorbeeld van hoe deurdag en langdurig strydpunte hier hanteer word. Toe die Afrikaansgesindes van Harrismith in die dertigerjare 'n monument ter gedagtenis aan die gesneuwelde burgers in die Anglo-Boereoorlog oprig, het hulle, heel toevallig, so beweer hulle, die monument só opgestel dat die mauser van die knielende burger reguit korrel op die Engelsman op 'n monument skuins oorkant die straat, wat die gesneuwelde Engelse van die Eerste Wêreldoorlog gedenk. Met die uitbreek van die 1939-oorlog, toe gemoedere tussen Smelter, Gesuiwerde en Ossewabrandwag weer hoog loop, het die Engelse – wie sal weet wie – op 'n nag die Burgermonument besmeer en verniel en, onder meer, die aanstootlike mauser se loop afgebreek. Die Afrikaners het nie die monument herstel nie. Vandag, twee-en-veertig jaar later, staan die geskende monument nog net so. In sy voetstuk is 'n granietopskrif gemessel: "Hierdie monument is op die nag van 4 Maart 1940 deur die vyand van die Boerevolk geskend."

Aan my man kan 'n mens net tik om jou ritse name van Oos-Vrystaters op te noem wat in die Suid-Afrikaanse openbare lewe gepresteer het. In landsvraagstukke, in elke verantwoordelike pos in die samelewing, by elke belangrike navorsingsprojek sal jy 'n koel, doeltreffende Oos-Vrystater in beheer kry, sê hy – en dan noem hy as eerste voorbeeld die maatskaplik en staatkundig gespesialiseerde huisgesin waarin hy en ek besig is om oud te word.

Selde het ek die gees en gesteldheid van die Oos-Vrystater so duidelik weerspieël gesien as toe ek op 'n dag langs die hoofstraat van 'n Oos-Vrystaatse dorpie afstap en die klein winkelvenstertjies beskou. Ja, daar kan sus Hettie of miss Lorna nog haar eie sakie winsgewend bestuur. In 'n beknopte venster was 'n Noritakie-eetstel uitgestal, bord vir bord en skottel vir skottel, die hele stel, en jy begryp dat dit vir miss Lorna baie, baie mooi is. In die middel daarvan het sy drie vars roosknoppe in 'n Coca-Cola-bottel gerangskik. Daarvoor staan haar hoogs subtiele en enigste verkoopsadvertensie, 'n handbeskrewe plakkaat wat haar ure gekos het om te maak. "A thing of beauty," herinner dit 'n mens, "is a joy for ever."

Maar 'n mens neem van die Oos-Vrystaat afskeid onder sy kersiebome, soos bruidsgroepe wit in die lente, vol vlammende robyn spatsels in die voorsomer, vol geel vaagsels in die herfs. Cecil John Rhodes was onregstreeks die vader van die kersiebedryf in die land, want hy het Pickstone uit Engeland laat kom om 'n boomkwekery by die Kaap te begin, en Pickstone het die vriend van die Van Rensburgs van Ficksburg geword en hulle oorreed om kersiebome hoog teen 'n berghang – want in die Oos-Vrystaat is dit hoe hoër hoe warmer – te plant. Van Rensburg het die kersiebedryf in die land gevestig en was die eerste mens wat 'n weeshuis vir swart kinders op sy plaas begin en daarna duisende rande aan welsynsprojekte onder die swart mense bestee het.

Maar as ek alles van die Oos-Vrystaat vertel het, dan bly by my nog altyd een beeld daarvan helderder as alle ander. Ek moes as jong nooi saam met my aanstaande by sy oom Frans in Harrismith gaan kuier. Dit was 'n kuier waarvan baie dinge afgehang het. My aanstaande het sy vader jonk verloor en hierdie oom se goedkeuring was vir hom belangrik in al sy doen en late.

Ons het die middag laat by Harrismith aangekom en van daar af het die plaaspad bergop ingekronkel. Die swaar wolke het partykeer ver onder ons verbygetrek, en toe ons pikdonker op die plaas aankom, was alles nat en koud, maar in die vreemde voorhuis het 'n groot vuur gebrand, en toe ek later gaan slaap, was daar 'n warmwatersak in my bed. Die volgende oggend was alles nog toe onder die mis en ons moes kers opsteek by ontbyt. Ek was maar gespanne en oorgretig om in die oë van die vreemde gesin 'n waardige metgesel vir hulle neef te wees. Die oom het geduldig geluister na wat gesê word, maar self min bygevoeg. Ná hy gedank het, staan hy op, kyk my reguit aan en sê: "Kom, ek wil nou vir jou iets gaan wys."

Toe ons buite kom, begin die mis net wegtrek. Ek onthou nog hoe die reuk van looibas en perdestal in my neus gebrand het en ek sien nog hoe die mislandskap soos rotse met laagwater deur die skuim sigbaar word. Ons was hoog teen 'n grasrant op 'n werf met 'n kliphuis en bloekombome. Langs die drade bergaf het lang lanings sipresse en sering gestrek en onder het die spiespunte van herfsgeel populiere deur die mis in die vallei gesteek.

Hy neem my na 'n lang klipgebou met baie deure en 'n groot grasperk daarvoor. Hy roep welluidend na iemand en sy stem slaan teen die groen rant agter ons vas. Een van die deure gaan oop, 'n groot bruin hings steier uit met twee jong swartes soos flenterkomberse weerskante aan die halter. Die hings sleep hulle met hom saam in wye sirkels oor die gras, hy sien ons en spits sy ore, hy kantel oor en kom vanself na ons toe aangedraf. Die man langs my reik 'n rustige hand uit en die perd krom vanself sy nek sodat hy sy halter kan vasvat.

Só staan hulle toe voor my, die groot bruin volbloedperd en die man in die fleur van sy jare, met sy oë 'n vriendelike blou teen 'n panorama van groen en berghang en knoetsige ou basbome en 'n wit son agter mis. Hy druk die perd se maanhaarkruin oor soos jy 'n jong meisie se haarvag terugstoot. Met sy oop hand maak hy 'n lang strelende gebaar langs die dier se nek af sodat net sy middelvinger se punt die blinkbruin hare raak.

"Kyk net," sê hy, "hoe mooi is hy hier gemaak" – hy klap met sy hand oor die perd se bors – "en hier," en ek kyk vanself na die skoon hale van die perd se voorbene op hulle fyn gebalanseerde kote. Hy sprei sy hande agtertoe in 'n woordelose gebaar na die dier se diep kruis en hy lag: "Wat sê jy?"

Ek steek my hand versigtig na die fyn oopgesperde neusgate van die perd uit, hou dit 'n entjie voor hom en haal diep en hoorbaar deur my neus asem, want só groet jy 'n perd en nie anders nie, het die ou handlangers van my pa my geleer.

"As 'n mens 'n perd verstaan, verstaan jy amper alles in die wêreld," sê hy toe hier langs my.

Sal ek ooit vergeet die onregeerbare geluk wat dié paar woorde in my gebring het? Ek het besef dat ek op een of ander manier geweeg en swaar genoeg bevind is deur 'n mens wat sy skatting op min dinge waag. Maar hy en sy perd was vir my onverklaarbaar ook die sinnebeeld van 'n hele landskap waarvoor ek smagtend op goedkeuring staan en wag het. Die spontaneïteit en algehele besitname het toe en oor die jare van my volwasse bestaan gebly – 'n breed gestrekte landskap van sagte berge, geboetseer deur die jong vrou wat potte maak, oorspoel met blou en die goud van diep vure.

Die plaas se naam, het ek daarna gehoor, is Le Bonheur, dié geluk.

Ella, Ella, Ella

Ella en ek is nie juis vriendinne nie. Wanneer sy my na een van haar partytjies nooi, weet ek dus dat sy dit om 'n bepaalde rede doen en probeer ek om haar nie teleur te stel nie. Die dorp se Lid vir die Provinsiale Raad, sy sangeres en/of sy pennelekker het, baie soos die droë rangskikking, partykeer dekoratiewe eienskappe waarvan die bedrewe gasvrou in skraal tye gebruik moet maak.

Laas het sy so 'n partytjie gereël vir die bekende mnr. X, sakeman uit die stad. Ella-hulle het eintlik op hulle oorsese reis met hom kennis gemaak, bevriend geraak en 'n paar kostelike dae saam in Denemarke deurgebring. Afgesien daarvan is hy een van die direkteure van die firma waarvan Jan, Ella se man, ons takbestuurder is. Toe hy dus nou terloops die dorp aandoen op pad Kaap toe, is hy vanselfsprekend genooi om by hulle te oornag en vanselfsprekend hulle vriende te ontmoet. Dit is net Ella wat so 'n in die oog lopende "transaksie" vanselfsprekend kan hanteer. Daardie aand het sy haar oortref.

Sy het so 'n stewige net van betowering om haar gaste geweef dat ons reeds teen tienuur begin het om vir haar man se grappe te lag, iets wat anders net in die vroeë oggendure en ná baie fortifiserende drank geskied. Teen elfuur het ons mnr. X. op sy voornaam begin noem, teen twaalfuur Afrikaanse piekniekliedjies begin sing. Die mans het toe al hulle stompies op die klavier doodgedruk en later het mnr. X hoenderbeentjies met hand en tand afgeknaag. Van watter kant 'n mens dit ook al wou beskou, was die party 'n sukses.

Mnr. X het daarna onvas op sy bene gestaan en 'n heildronk op die party ingestel waar hy "soveel gawe Vrystaters" ontmoet het.

"Kom," sê hy, "ons maak hierdie lieflike byeenkoms 'n jaarlikse instelling. Hoe lyk dit, Ella en Jan, kan ons volgende jaar presies almal só, op presies dieselfde datum weer bymekaarkom, by julle in die stad?"

Die slag was gelewer en Jan se soveelste verhoging is vir hom deur Ella uitgeparty. Maar stad toe? Dan was die verhoging van ons plaaslike man nog veel groter as wat ons verwag het, en ons het Ella en Jan patrioties toegejuig.

"Kan ons?" herhaal die belangrike gas.

Jan slaan sy arm uitbundig om Ella se skouers, want selfs vir hom was dit moontlik om die goeie boodskap tussen die reëls te ontsyfer. Een vervlietende oomblik is dit asof daar 'n swaeltjie voor Ella se kykers verby swiep, maar dan lag sy – op vyf-en-veertig steeds een van die mooistes van ons dorp.

"Top, ons maak so. 'n Wonderlike gedagte om 'n wonderlike aand mee te onthou!" En sy lig haar glasie.

Daarna maak ons almal klaar om te ry. In die verbygaan wens ek Jan geluk met die goeie vooruitsigte.

"Ja, wonderlik tog," sê hy hartstogtelik, "hoe die Heiland vir 'n mens beskik."

Ek vind dit nie nodig om hierop kommentaar te lewer nie.

In die gang tref ek Ella toevallig alleen aan en toe kon 'n mens tog tekens van die aand se inspanning op haar gesig merk. Sy trek my eenkant toe.

"Ek vra jóú maar," sê sy, "want dalk is jy die soort mens wat so iets sal onthou. Herinner Jan asseblief oor 'n jaar daaraan om op hierdie dag vir my blomme te stuur. As hy vergeet, sal almal wat vanaand hier was, dink dat hy harteloos is."

"En ís hy nie?" wil ek vra, maar Ella staan daar voor my, en die kalmte en vertroue wat meteens in haar oë kom, gee 'n onaardse skoonheid daaraan en ek verwens my eie kleinsieligheid.

"Goed, Ella, ek sal toesien dat die blomme daar kom," sê ek.

Ek was een van die weiniges wat geweet het dat die paar vakansieritte wat Ella onlangs na die stad onderneem het, in werklikheid vir diepstralingsbehandeling was in 'n laaste wanhopige poging om haar siekte, die Groot Siekte, te keer. Sy en ek weet albei dat as ek namens Jan blomme moet stuur, dié waarskynlik in die vorm van 'n krans na die kerkhof buite die dorp sal gaan.

Ek ken 'n ander vrou wat ook Ella heet. Die mans sien haar Donderdae by die vendusie. Haar voortande is almal uit, haar hare verwaaid, haar oë soos 'n vasgekeerde rooikat s'n en sy verwag vir die soveelste keer 'n baba. Daarom is dit moeilik om te sê hoe oud sy is.

Niemand bie teen haar as sy versukkelde ooie en klein kalwertjies opkoop nie. Sy slag hulle en verkoop die vleis – hoe wettig of onwettig, het niemand die hart om te vra nie.

Op 'n dag moes ek na Ella-hulle se huis vir opnames van die politieke party waaraan Ella en ek behoort. Ons was nog rustig aan die name opteken toe daar 'n voetstap op die voorstoep knars. Meteens is dit of daar 'n opgewonde roering deur die huisie gaan. 'n Agterdeur klap toe, 'n primusstofie begin dringend gons in die kombuis, breekgoed kletter, en toe haar lang, breedgeskouerde Jan, 'n bietjie suur van asem maar netjies aangetrek, in die enigste leunstoel kom sit, sluip daar van oral klein kindertjies soos hasies binne. Hulle groet een vir een, gaan hurk eerbiedig teen die muur en volg ons gesprek met die ogies aanbiddend op die man in die leunstoel gerig. 'n Krulkoppie van vyf jaar kom bring vir ons koffie. Jan kry syne eerste, in 'n groot geblomde koppie met die woord "Vader" in vergulde letters daarop.

Jan gesels met my politiek, 'n saak waaraan hy sulke hoë en idealistiese eise stel, dat ek hom nie veel hoop op 'n gelukkige einde kan voorhou nie. Hy gaan nie weer stem nie, sê hy, want wát onder andere doen die Regering vir hom, die Afrikaner met die groot gesin? Dit klink of hy reken hy behoort deur die owerheid vir sy bedplesier vergoed te word. Ek beloof om sy "geval" by die Volksraadslid aanhangig te maak.

Ella en 'n paar nuuskierige kleintjies vergesel my na buite.

"Het Jan toe by die spoorweë werk gekry?" vra ek, want Jan het steeds moeilikheid met betrekkings.

"Nee, Mevrou, hierdie ding om van een werk na die ander te moet, het Jan se senuwees klaar gemaak. Toe sê ek: Los die werkery nou heeltemal uit, ons sal wel regkom. Die Here sal ons nie verlaat nie. Ag, Mevrou weet ..." en haar verweerde gesig straal meteens warm en mooi van verering, "iemand met so 'n trotse inbors soos Jan kan maar net nie onder 'n baas werk nie. Mevrou verstaan mos."

Ja, natuurlik verstaan ek. Ook ek, wat niks as veragting vir Jan het nie, verstaan alles in daardie oomblik by die vrou in haar verslonste oorrok en afgetrapte pantoffels. Die maatskappy, die Welsyn, die Volksraadslid, Ella en natuurlik die Here ... ons sal hom almal help, want hoe kan ons Jan, die spesialis, die vakmanvader verkrag deur hom in onbenullige sleurwerkies in te dwing? Hoe onnadenkend om een van die magtigste morele stutte van ons maatskappy met geldelike sorge te wou belas, die saambindende songod in die oë van sy gesin tot blote arbeider te wou verlaag.

Ek beloof, dié slag in alle erns, om sy geval by die Volksraadslid aanhangig te maak.

Dan ken ek ook nog tant Ella wat in haar jong dae as predikantsvrou na ons dorp gekom het en in die brandpunt van ons samelewing gestaan het. Vandag 'n weduwee, drie-en-tagtig jaar oud, fladder sy soos 'n gekweste mossie nog om die rand van dieselfde ligkring rond. Sy woon alle stigtelike byeenkomste by, en om op hoogte van sake te bly, ook die minder stigtelikes. Al het die inwonertal van ons dorp verdriedubbel, ken sy almal nog, loof dié wat lof verdien, berispe dié wat dit behoef. Sy behoort aan die VLU, besoek die skou, sing in die dameskoor, vang nog menige twyfelagtige grap, verteer die onhebbelike eetgoed op partytjies en volg die toesprake van die leiers van ons volk net so getrou soos die stories oor die radio.

"Maar hoe kom jy oral, tannie Ella?" vra iemand, want sy

kan nie motor bestuur nie en ná 'n heupbreuk loop sy met krukke of kieries.

"Og jong," (sy is 'n Nederlander van geboorte) "daar is altyd iemand. Die Heer syn sorg, weet jy. Somtyds brom hulle 'n bietjie, maar dan doen hulle dit tog: trapop en trapaf met Outannie."

Op 'n Saterdagaand, ná 'n uitvoering van die dameskoor, ontdek ek dat ek my handsakkie op my sitplek laat lê het. Ek hardloop terug saal toe en keer die opsigter voor. Hy het die swaar deure gegrendel en was besig om die ligte in die voorportaal dood te maak.

Ek gaan die dolleë ou stadsaal binne, die paadjie af, en daar sien ek haar teen die muur van die verhoog op haar krukke leun. Die onvoorsiene het gebeur: Sy is daar vergeet. Nadat sy die steil verhoogtrap afgesukkel het, was almal reeds weg, en sy te uitgeput om die buitedeur te haal voor dit reeds gesluit was. Sy sou die res van die naweek in die saal toegesluit gewees het as ek nie daarop afgekom het nie.

"Was jy bang?" vra ek haar later.

"Ja. Ontsettend bang en baie, baie moeg. Maar toe ek nog so staan, sê ek vir myself: Maar Ella, dalk is die saal tog nie leeg nie, dalk is dit vol van die ou bekendes van vroeër – van dominee Jan, van almal wat in ons kerk gesit het toe ons die dag ingeseën is." Sy bly stil. "Toe voel ek al klaar beter, en toe ek jou die paadjie afgestap sien kom, dag ek dat jy jou oorlede moeder is wat teruggekom het om my te kom haal. En toe wis ek dadelik dat alles weer goed is. Sy was die soort mens wat my nooit alleen sou laat agterbly het nie."

Die brood van die lewe

'n Moeilike kalant om haltermak op die platteland te kry, is die nuwe dominee. Wel neem hy die beroep op hemelse ingewing aan, wel pak die gemeente sy spens vol kos, strooi sy tuin met vrugbare kraalmis, maak die lekgeute en drupkrane en die kerkhorlosie heel voor hy kom, maar soms bly hy bondel.

Eienaardig genoeg kom die konfrontasies selde met die elemente van die Bose. Juis die gemeenskaplike ywer bring die slaggate. Persoonlike eienaardighede van die nuwe predikant laat ons maar buite rekening, soos nou die ongerieflike-pastorie-dominee, die stout-kinders-dominee, die tarentale-skiet-langs-die-pad-met-huisbesoek-dominee, die met-elke-toer-oorseil-Palestina-toe-dominee. Die ondervinding leer die platlelander om hiermee saam te leef.

Maar ek kan aan twee gevalle dink waar nuwe dominees met die allerbeste bedoelings vir ons ingrypende teëspoed besorg het.

Klokslag elke nuwe dominee sal by ons oor sy swart span kyk en oom Ampie raaksien waar hy klein, oud en verrimpeld tussen die bloesende jong diakens sit.

"A nee, maar dié broeder is mos ver te oud om diaken te wees. Hy moet oorkom na die ouderlinge toe," maak hy die groot ontdekking. Dan weet ons daar gaan weer opnuut met ons emeritusdiaken gelol word. Oom Ampie sal botweg weier om ouderling te word, en tensy hy met die eerste oogopslag 'n ware geneentheid vir die dominee voel, sal hy nie sy redes openbaar maak nie. Afvaardigings van hoofouderlinge en ander skrifgeleerdes gaan maande lank stof opskop, maar niks uitrig nie. Maar ons wat saam met oom Ampie om die skewe toringkerk oud word, weet...

Laat ek duidelikheidshalwe sê dat ons kerk een van die eerste van die moderne, skeefhellende kontruksies was – plan deur 'n nuwe dominee aanbeveel! Die dag toe ons hom inwy, het oom Kortes, ons ouderling, die argitek gaan handgee: "Ag, broertjie, ons is so bly om te sien dat alles tog uitgewerk het. Ons het so baie om jou ontwil in die gebed gely, want ons het gedag jy gaan die toring vergeet."

Ek wou sê, aan ons wat saam met oom Ampie oud word, het hy dit op 'n keer bely: Hy voel hom nog nie geroepe tot die amp van ouderling nie. Die roepstem het baie kennelik destyds tot diaken geroep ... dan kyk hy af op sy verkrimpte handjies en werk met die duimnael onder die ander hand se naels in, en 'n mens besef dat die roepstem destyds met 'n diep geestelike ervaring gepaard gegaan het. Voor hy nie kennelik, ja kennelik, die stem hoor wat hom tot ouderling roep nie, sal niemand hom in die amp inforseer nie.

Onder "Die Stem" het hy beslis nie die stem van 'n predikant bedoel nie. En só wag ons toe al die jare geduldig saam met oom Ampie op Die Stem. Saam met hom raak ons ouer, gryser en slaperiger onder die diens en minder opmerksaam op hemelse openbaringe, maar gaandeweg, gelukkig, word die influisteringe van die Bose vir ons ook vaer en vaer. Vyf-en-sestig jaar oud was hy, toe hy onverhoeds deur 'n nuwe dominee oorrompel is en hom tot ouderling laat inseën het.

Toe ons hom die eerste keer daar in die ouderlingsbank sien sit, het ons hom byna nie herken nie. Ons sien nou vir die eerste keer die ander kant van sy gesig waar hy dwars reg teenoor sy ou plek sit. 'n Mens kon dit nie verklaar nie, maar dit was asof hierdie kant van oom Ampie se gesig nie heeltemal dieselfde as die ander kant was nie. Sy oor was op een of ander manier smaller, meer gepunt, en sy baardjie het meer stoets weggestaan. Die berustende, weemoedige vou wat ons aan die ander kant van sy mond goed geken het, het hard en onbehaaglik na dié kant toe weggetrek. Natuurlik het oom Ampie jare gelede toe hy nog messelaar was, van 'n steier afgeval en sy kakebeen gebreek, en waarskynlik het dit aan die een kant van sy gesig 'n letsel gelaat, maar van voor en van die ander kant af kon jy dit nooit agterkom nie.

Hoe welsprekend en arbeidsaam ons nuwe dominee ook al was, ons het gevoel dat hy ons van iets kosbaars in die geloofslewe beroof het met sy sekondasie van oom Ampie tot ouderling. Ons was verbaas dat ons almal op ons ouderdom weer meteens die influisteringe van die Bose so sterk aanvoel en ons kon nie help om ook dit in verband te bring met die verkeerde kant van oom Ampie se gesig nie.

By ons sal elke nuwe dominee onder die eerste gesangversie die kop behoedsaam lig en die kerkgangers aandagtig begin deurkyk. Jy sien hy merk onraad, en ons weet hy soek die mens wat so vals sing en hy gaan 'n kwessie daaroor maak, want hy sal nooit glo dat die sterk tenoorstem wat nou te gou, dan te laat, nou onder die solfanotering en dan weer daar bo vassteek, soos 'n vendusie-os wat hom aanhou teen 'n draad vasloop – dat dit alles nie 'n gekskeerdery is nie.

Dan fynkam hy verder tot hy die knoets singendes sien wat met verbete gesigte soos stormgeteisterdes tussen die wanklanke probeer wysie hou, hy sien die kinders wat in hulle sakdoeke giggel en pen die sanger eindelik vas in 'n gesinnetjie: 'n jong man van pas in die dertig, met sy jongste baba op die arm en die gesangboek in die ander hand; sý 'n gesette, inkennige vroutjie langs hom wat met haar mond toe staan; en by hulle 'n paar skraal kindertjies met die duidelike tekens van armoede in hulle oë. Dis die vader wat so ernstig aan die sing is en hom glad nie steur aan die orrelis wat later blaasnote soos robotseine uitstuur om hom padlangs te probeer hou nie.

Op navrae van die dominee agterna sal aan hom gesê word dat die man Stefaans Botha, spoorwegarbeider is en ja, dat Stefaans al die jare só sing. Ons kom maar reg so. Daar is nuwe dominees wat hulle daarby neerlê, maar dit het daardie slag met dominee – ons sal maar sê sy van was ook Botha – nie so gebeur nie. Dominee Botha het volgehou dat Stefaans se singery 'n ontstigting van die erediens is en het onderneem om met Stefaans te gaan praat en 'n ouderling saam te neem.

Só het dit dan gebeur dat hulle op 'n dag reg teenoor mekaar te sit gekom het in Stefaans se sementsteenhuisie buite op 'n plot. Hulle was byna ewe oud. Die dominee 'n skrander, fyn opgevoede, begeesterde man, van jongs af in 'n pastoriegesin vir die evangelieverkondiging bestem. Teenoor hom Stefaans: een van die talryke spruite uit 'n treurige familie wat bestemmingloos tussen welsyn, beroepskool en ongeskiktheidstoelae gedwaal het. Maar Stefaans het op 'n dag onder roetvlae en steenkoolgloede bekeerd geraak. In die alledaagse lewe was die een man die teenpool van die ander, maar met die woord van God tussen hulle, was hulle op 'n vreemd ontstellende manier op gelyke voet.

Dominee was beleefd, taktvol. Hy het vir Stefaans in die gesangeboekie gewys dat die nootkolletjies nou eintlik daar tussen die strepies is om vir die stem te wys of dit hoër of laer moet gaan en die kleur van die kolletjies hoe stadig of vinnig jy die woorde daaronder moet sing; dat die orrel daar is om 'n mens te help en hoedat dit eers is wanneer almal saam sing – en nie onnodig hard ook nie – die klanke in een ademtog tot God opstyg.

Stefaans was ewe beleefd, maar nie erg onder die indruk nie. Hy weet daar is mense wat tot lof van God sing en dan baie strik op die kolletjies gaan, en dit is hulle saak as hulle dit wil doen, maar wat hom betref, hy gaan op die woorde, maar hy sal tog weer kyk wat die Woord van God oor die saak sê. Stefaans lees nie koerante nie, hy besit nie 'n radio nie, maar ons weet almal hy kan onvoorbereid twintig minute lank welluidend en samehangend die een teks na die ander in die gebed aanmekaarstrengel. Toe hulle daardie middag by Stefaans weggaan, het die ouderling geweet dat die saak van die kolletjies en strepies nog ver van uitgewys is.

Die volgende Sondag het Stefaans as dit moontlik kon, nog

valser en harder in die kerk gesing. Dominee Botha het moedswilligheid vermoed. Hy het die saak op die kerkraadsvergadering aanhangig gemaak, maar weens skielike drukke werksaamhede van onbepaalde aard kon geen ouderling saamgaan nie toe hy Stefaans onomwonde gaan sê het dat hy baie welkom by die erediens is, maar dat die kerkraad dit as 'n voorvereiste stel dat hy onder die gesang op die kolletjies en strepies gaan en heelwat sagter daarop gaan. Die Sondag daarna was Stefaans Botha en sy gesin se plek in die kerk vir die eerste keer in baie jare leeg. Ou kerkgangers was ongelukkig oor die saak. Hoeveel jaar is dit nie wat 'n mens Stefaans smiddae ná sy lang, moordende dagtaak in sy swart oorpak op sy fiets die lang opdraande sien uitry na sy armoedige maar reeds afbetaalde plot nie? Met lang taai hale trap hy, sy gesig ernstig na vore gerig, want Stefaans lag selde. Daarvoor is die stryd teen die hongersnood van die liggaam en die aanslae van die versoekings te wesenlik in sy lewe. Agterop sy fiets se rakkie is daar onfeilbaar 'n vars wit brood in 'n netjiese meelsakkie vasgeklamp. Met sy God, sy fiets en sy brood veg Stefaans vir dié wat in sy sorg geplaas is, en wie sy wapens onderskat, sou 'n groot fout begaan.

    Stefaans kom daarna nie weer kerk toe nie, maar hy kom wel biduur toe, iets wat hy voorheen weens die afstand na die kerk op weeksdae selde kon bybring. En hier in die teenwoordigheid van die Een om wie dit gaan, knoop hy die geveg aan.

    "Drie maal heilige Meester," so begin hy die eerste keer, "as U eenmaal in die nuwe Jerusalem op die wolke te voorskyn kom, en engele sing vir U 'n nuwe lied, sou U hulle sê om sagter hulle rykdom en eer en heerlikheid en lof toe te bring? As die sterwelinge wat uit die groot verdrukking kom en hulle klere wit gemaak het in die bloed van die Lam, saam met die engele wil sing, sou U vir hulle vra om op kolletjies en strepies te sing net omdat die valse profete op aarde so sê?"

    Vanselfsprekend het almal met een oog na die bediener daar voor geloer, en die ergerlike uitstoot van sy ken en die senuweeagtige saamtrek van sy vuis was vir ons almal sigbaar. Die aanval was onverwags, en die dominee kon hom maar net in die slotgebed floutjies uit Handelinge 18 verweer: "U Here, het aan U dienskneg Paulus gesê, wees nie bevrees nie, maar spreek en moenie swyg nie, want Ek is met jou en niemand sal die hand aan jou slaan om jou kwaad aan te doen nie." Die teks was toepaslik, maar die dominee se stem het van woede gebeef, en dit het gemaak dat hy, met eerbied gesê, ook die tweede ronde verloor.

By die biduur vir reent 'n paar weke daarna het Stefaans vir die stampvol kerk uit Hosea 5 vertel hoe die land en alles wat daarop woon, wegkwyn, die wilde diere van die veld en voëls van die hemel, ja, ook die visse van die see omkom, en toe het hy welluidend gedeklameer: "Hoor dit, o priester, en let op, o huis van Israel, en gee gehoor, want die vonnis raak jou omdat jy vir Mispa 'n vangnet geword het en 'n uitgespreide net vir Tabor ..."

Maar die dominee was dié slag reg vir hom en het hom in 'n rustige kalmerende stem uit dieselfde boek getroef: "Laat ons dit najaag om U, Here, te ken. U opgang is so seker soos die dagbreek en U sal tot ons kom soos die reën, soos die laat reëns wat die aarde besproei ..." en ons het almal gevoel dat die dominee se groter selfbeheersing hom hierdie ronde besorg het.

Maar die saak het wyer uitgekring, en lidmate het redenasies daaroor gevoer. Party was aan Dominee se kant en ander aan Stefaans se kant. Ekself was rotsvas aan Stefaans se kant, nie in die eerste plek oor sy sang nie, maar oor die manier waarop hy smiddae op sy fiets teen die lang steil bult uittrap met die brood vir sy gesin agterop. Vir watter saak hy ook al stry, was sy gesindheid dié wat in alle eeue die heroïese stryd van die enkeling teen die oormag kenmerk.

Maar ek kom agter dat ek mettertyd self in die kerk behoefte aan 'n nuwe manier van sing ontwikkel. Ek word ook lus om op die woorde op my eie manier aan te gaan en die kolletjies en strepies oor te laat aan wie dit mag behoef. Ek voel daarna om my eie aksent en tempo te gee, my stem te lig en te laat sak soos ék die woorde aanvoel. Dit bring 'n gevoel van bevryding so sterk dat alles om my in die kerk onwerklik word, asof daar iewers sewe vuurfakkels glinster en dat hulle lewende wesens vol oë word. Die kansel wil 'n boekrol met sewe seëls word en die hoë glasvensters 'n see van glas.

Ek is blykbaar nie die enigste wat so voel nie. Die dominee laat ons partykeer 'n gesangvers oorsing, en met die daaropvolgende Nagmaal sing die koor só vals dat die orrel die stryd gewonne gee.

Ons dominee was nie gelukkig in sy nuwe werkkring nie. Dit was nog voordat 'n predikant drie jaar in 'n gemeente moes wees voor hy beroepbaar is. En hoewel ons nie verbaas was toe hy ná 'n jaar 'n beroep aanneem nie, het ons tog baie jammer gevoel. Hy was so 'n vurige prediker, so deeglik in sy voorbereiding.

My mense

Dat hoenders ook my mense is, het ek eers ná my troue ontdek, toe ons jonk en onervare gaan boer het. Jong boervroue begin almal op dieselfde manier met hoenders boer en brei daarna ooreenkomstig hulle aard en omstandighede verder uit. Party hoenderboerderye raak al groter en groter tot hulle betalende ondernemings word; ander raak al kleiner en kleiner tot die boervrou in krisistye by die strooise laat eiers haal.

'nVrou begin met hoenders boer deur by haar man daaroor te neul. Só het ek ook begin. My man het teëgestribbel, want dit is bekend dat 'n hoenderhen twee keer soveel kos van die baas opvreet as wat sy geld vir die nooi inbring, maar dit is 'n feit wat geen boervrou ooit van 'n hoenderboerdery afskrik nie.

Eindelik het ek dan 'n kuikenhuis, kompleet met 'n glasvenster en 'n ordentlike sifdraadkampie daaromheen, uitgeneul en my kuikens bestel. Bestel net die beste, want hulle eet net soveel as die slegste, gee party buurvroue my raad; bestel net die swakste, want die beste vrek net so maklik soos hulle, raai ander my aan.

My kuikens kom. Net die koms van my babas later kon soveel opwinding en geesdrif oortref. Ek het ure in die bedompige huisie saam met hulle deurgebring om te sorg dat hulle gemaklik is. Ek het drome gedroom en gesigte gesien. Toe ek my kom kry, begin ek sekeres uitken; toe ek my kom kry, het ek 'n paar knieseriges in watte voor die stoof en voer hulle antibiotika met 'n oogdruppertjie; toe ek my kom kry, is party so mak, hulle eet uit my hand. Ek gee hulle name: ou Skewes, ou Vlekkie, ou Ogies, ou Piet. As ek vir hulle sing, lag hulle, as ek met hulle raas, druk hulle hulle snawels van skaamte in die kos. Hulle spring op my skoen se neus en klou jillend my kouse vas as ek loop. Hulle dink ek is hulle ma, sowaar as wat ek leef.

Dit was toe reeds vir my man duidelik dat my hoenderboerdery in een van die onbetalende soort gaan ontaard, die persoonlike soort, waar die hoenders sulke vriende van jou word dat jy nie kan verwag hulle moet nog vir jou eiers ook lê nie. Dit het my glad nie ontstel nie. Daar sou tog dan en wan iets vir ontbyt wees, en hulle kosrekening sou ek nog lank met mislukte koeke en verbrande pampoen onder beheer kon hou.

So speel-speel het dit voortgegaan tot 'n middag vroeg in Desember toe my hoenders net mooi uit hulle babavere gegroei het, njaap-njaapkuikens geword het, soos my buurvrou sê – darem al hoender, maar nog nie eier nie. Die weer kom die middag toe so lelik aan. Ons het skaars die vensters en deure toe, die reënwatertenk oop en die wasgoed van die draad, of die eerste haelkorrels val oor die werf of hulle met die hand gesaai word. Dit word pikdonker in ons platdakhuisie. Gelukkig dat die hoenderhuisie daar is, dag ek nog, nou is my hoenders darem veilig.

Een van die eienaardighede van ons toentertydse huis wat so teen die afdraand gesit het, was dat as die reent straf kom, die water bo-oor die afleivore loop, by die agterdeur in, oor die kombuis se sementvloer, onder die middeldeur deur tot op die eetkamer se plankvloer, waar dit deur die groot splete onder die vloer verdwyn, verder spoel en weer onder die fondament by die voordeur uitloop. Weke ná so 'n reent ruik die eetkamer en die voorhuis so muf soos 'n grafkelder. Met die gevolg dat ek daardie middag ook weer haastig voorom hardloop om die kombuisdeur van buite met sakke en bakstene dig te maak, terugkom en die middeldeur met strykkomberse en stronksakke toestop en met 'n emmer en 'n skepding regstaan. Die water wat dan insyfer, jaag ons haastig met die besem in 'n hoek vas, skep dit op en skiet dit by die venster langsaan uit, sodat die stroom nie die plankvloer bereik nie.

Eindelik bedaar die weer, en ek staan nog by die venstertjie en uitkyk na die haelriwwe oor die gras, toe die eerste onheilsklop aan die bodeur kom. Daar staan die werfhandlanger tot oor sy enkels in die haelwater met 'n sinkbad vol platgereënde hoenders: geskrik toe hulle die hael op die sinkdak hoor, uitgehardloop en in die koue verkluim. Maar hy weet van hoender, sê hy. As die miesies hulle gou-gou met warm water afspoel, dan partýýýkeers kom hulle reg. Hy gee hulle vir my aan soos bossies blomme op stywe stele. Ek raap die wasskottel op, gooi die ketel daarin leeg, dompel die eerste kuiken in, spoel die modder uit sy verlepte vere, droog hom sommer met my voorskoot af, en jou waarlik, hy begin te skop, en toe ek hom op die vloer neersit, bly hy regop soos 'n blompot staan.

Tog moontlik! Toe ek die derde kuiken in die skottel het, kom die tweede klop aan die deur en 'n tweede bad vol hoenders. Ons pak hulle oop soos miskoeke, ons sit ál wat leë kastrol is vol water op die stoof. Ons stook die vuur met stronke dat dit dreun en ons was hoenders. Elke keer is daar maar weer 'n klop, weer 'n bad vol hoenders. Daar is later niks meer om mee af te droog nie, en ek gaan haal haastig my vrolik gestreepte uitsethanddoeke en hang die ander voor die stoof om droog te drup of bruin te skroei, selde wat. Ons pak koerante in die oond, sit party van die hopeloosste gevalle daarin om warm te word. Party haal ons deur; hulle sit daar verslae oor wat hulle getref het. Vir die ander is dit helaas te laat en hulle lê stomend morsdood op 'n hoop in die hoek.

Die kombuis is nie baie groot nie; die hoenders oor die tweehonderd. Alle deure en vensters moet toe bly en die stoof ratel later van die hitte. Ek is nat tot op my lyf. Wanhopig en siek van treurigheid was ek maar hoenders. Eindelik is alles dan klaar. Die hele kombuis van onder die tafel tot teen die deure staan vasgepak van die hoenders, en 'n onheilspellende hoop toring lyfhoog in die hoek. Dit is halfnege in die aand. Ek weet nie waar my man is nie. Ek het hom sedert die onheilsklop op die agterdeur nog met geen oog gesien nie. Sit seker binne by brood en melk, want van kosmaak was daar geen sprake nie. Ek gee die getroue werfhandlanger vir sy onderskraging tien dooie hoenders present en stuur hom huis toe.

Nou begin ek by die hoop dooies. Ek trek hulle vere, klaar losgestoom, af en haal hulle binnegoed uit. En nou, alleen by die lig van die paraffienlamp en verlos van die angsvallige bedrywigheid, herken ek hulle een vir een soos ek met hulle werk. Hier is die outjie met die skewe vlerk, die een met die wit vlekkie by die oor, die een wat so hard probeer het om te kraai, die een wat altyd die vetergaatjies van my skoen wou uitpik; en hier, stil en nou net maar 'n swart ou flenterkardoes, is Piet. Ek huil. Daar, eindelik, staan drie skottels vol bleek lykies van hulle wat my so sonnig, so bevatlik liefgehad het, my swakke pogings om vir nooitgekende moeders plek vol te staan, in soveel goeie trou aanvaar het.

Dit is seker naby elfuur. Ek weet ek kan die oorlewendes nie terugneem hoenderhok toe nie, hulle sal net hier in die kombuis moet slaap. Ek prop die laaste stronke in die stoof, kyk oor die swyende swart skare en maak die middeldeur versigtig agter my toe. Dis donker voor my en ek sien 'n flou skrefie lig onder ons toe kamerdeur. Ek maak dit oop en staan in die deur. My goeie man lê onder die komberse in die eilandjie van die paraffienlamp en lees, stil, weg van alles. Hy kyk op na my, druipend nat, verwese gehuil en ryp gestoom in hoendermis en -afval. Dit was 'n strenge toets vir die liefde, hoe jonk en seker ook al.

Niemand kan hom kwalik neem toe hy aarsel voor hy die deken vir my oopslaan nie: "Ek het jou naghemp daar op die stoel by die deur gesit. Daar is warm water in die fles by die skottel. Maak jou bietjie skoon en kom lê, dan lees ek vir jou wat sê genl. De Wet in hierdie boek oor die Slag van Rooiwal." Nie 'n woord van troos oor my hoenders nie.

Diep gekwets klim ek later by hom in, glad nie geïnteresseerd in wat genl. De Wet oor enigiets te sê kan hê nie. Toe hoor ek vir die eerste keer die gedreun van die spruit, ek hoor die gedrup van die dak, en die yskoue asem van die deurhaelde landskap buite kom aan my wange vat. Daarmee saam ook baie ander dinge.

"Jou mielies! Was jy daar?" vra ek bang.

Hy sit die boek neer: "Nee. Ek weet mos..."

Ek beur oor die geweldige lakenvlak wat 'n dubbelbed soms kan hê tot teen hom vas. Ons lê in mekaar se arms, weerloos afsonderlik en tesame teen die meedoënlose wette van die natuur waarin ons moet lewe, geluk vind en geloof behou. Die groot donker nag, die reuk van kneusing en pyn, die silwer doodskleed, die invreting van die water, dit lê alles myle wyd om ons heen gesprei. Só het ons aan die slaap geraak.

Toe ek die volgende oggend wakker word, is dit van iets vreemds, iets soos 'n koesterende rustigheid oor my, asof daar 'n seënende hand oor ons bed gestrek is. Ek lig my kop na een van die vreemdste gesigte wat ek ooit in my lewe gesien het. Bankvas, bo-oor ons op die kombers, bo-op die kas, die stoele, die hele vloer vol, staan swart hoenders saamgedrom. Wakker soos brandwagte, maar roerloos, asof hulle bang is om die stilte geweld aan te doen, staan hulle daar.

Waarskynlik het dit iets met die uitermatige hitte in die kombuis en die latere temperatuurdaling te doen gehad dat die middeldeur se slot oopgegaan het. Hulle het die warmte van ons slaapkamer gevoel en daarheen versit. Beslis, ja, dit is al wat dit was, moes ek toegee – as ek aanvaar dat hulle hoenders is. Maar nou was hulle nie. Hulle was mense, my mense.